河南省文物考古研究院青年学者文库

Crosscultural Experience of Archaeology:
from China to Canada

落基山下问考古

——一个中国考古人加拿大求学记

■ 周立刚 著

WUHAN UNIVERSITY PRESS
武汉大学出版社

道它们都是国人比较怵的英语考试，与出国有关。之所以选择雅思是因为在郑州有考场，距家比较近。离开学校数年之后第一次参加考试还是有点紧张，尤其看到考场里的同学大多是年轻的高中生或者大学生，而我当时已经年近而立。2011 年 10 月出来成绩，这次考试居然意外地得到平均 7.5 的分数，超过了很多国外大学要求的分数线。当时还是有点兴奋，然后和老婆商量决定申请一下学校试试，因为这个成绩有效期只有两年。这个时候我才开始考虑出国留学的事情，儿子也在 10 月底降临。于是就在学习做爸爸的同时匆忙准备出国材料。两个多月的时间申请了加拿大五所学校中三个接受雅思成绩并且有考古学专业博士学位的大学。最后很幸运地拿到了阿尔伯塔大学（University of Alberta）的 offer，我们都相信这是儿子给我带来的幸运。

近三十岁出国留学，并且儿子才出生不久，这对于我和家人都是巨大挑战。有人把这种挑战称为人生的突围，我却并没有如此高的觉悟，当时的第一感觉是兴奋之余还非常紧张。2012 年 8 月 31 日，老婆和十个月大的儿子在北京送我上飞机，进入登机口的那一刹那，眼泪哗哗流下。那一幕任何时候想起来都是刻骨的伤感。

重新踏进校园，而且是神往已久的北美大学，我的心情十分复杂。一方面是对家人的思念，另一方面就是紧张，毕竟我已经离开学校四年多，不知道还能否适应并顺利完成学业。虽然阿尔伯塔大学的考古学在北美算不上顶级，但是全新的环境以及学校丰富的图书资源使我终于有机会一睹北美考古的神秘面容。除了完成基本课业之外，其他任何与考古有关的著作、期刊我都会争取浏览一下，当然周边相关的活动也是要参加的。我是计划要在四年内完成学业的，连导师都说非常紧张，因此没有任何时间可以浪费，压力也是非常大的。因此利用这些阅读的机会写点与外国考古有关的小故事，并跟其他专业同学们在喝酒时交流，也成为一种缓解压力的方式。几年下来竟然也积累了不少内容（由此也可见这几年也喝了不少的酒）。

在周边同学的鼓励下，我计划将这些见闻和感想介绍给更多的有兴趣到国外学习考古的年轻学生，或者是有兴趣了解国外考古的同行和爱好者，因此努力不把这些内容写成深刻的专业文章，而是尽量通俗化。这些文字每一篇都有一个与考古相关的主题，涉及的有考古研究、考古教学、考古实习、文化遗产保护等，同时也有一些关于留学生活和英语学习的内容。在加拿大的学术训练使我也养成了一个习惯——对于任何不是自己见解的内容，都要言之有据，简单说就是要有出处，可供大家去核实。文字虽然通俗，也带有一些学术性质，相关的材料和观点都作了注释，这些内容也能够为相关领域的中国研究者提供一些有价值的线索。整体而言，我认为这本书可以当作初级的国外考古公众读物。对于有兴趣了解一点国外考古知识或者留学生活的人，对于国内从事考古教学或者实践的学者，都会有一些帮助。

本来题目是要写成"我在加拿大学考古"或者"我在北美学考古"。跟同学讨论这个事情的时候，都说这个太平淡且缺乏诗意，为何不用"落基山下学考古"呢？因为学校也正好是在落基山脉附近，于是我一个文科生愉快地接受了这个来自于土木工程专业唐耀博士的建议。回国之后，请院里的多位专家审阅了文稿并提出了宝贵的建议。最后在我的科室主任胡永庆研究员的建议下，名字改成了"落基山下问考古"，并加上了副标题——这样一来，读者一眼就能明白书的内容是和真正的考古有关，而不是单纯的游记。

目　录

Contents

初识落基山下的考古

跟很多朋友说起在北美学考古，总是会遇到这样的疑问：那地方才几百年历史，有考古研究价值么？其实这是一个很深的误解。首先，北美地区并不只有我们看到的由欧洲移民创造的几百年历史。在欧洲移民到达之前，原住民印第安人在此已经生活了上万年并留下了具有特色的物质文化遗存，是考古学研究中的一个重要领域。其次，北美的考古并不仅仅只关注这个地区，北美考古学者脚步遍布全世界，不仅涉足许多古代文明研究领域，而且在考古学理论、现代科技考古等方面都具有引领潮流的影响力。

这个就看起来有些矛盾了。既然本土文化遗存也很丰富，为什么还要到世界各地去研究别人的文化？除了北美从事考古研究的学者比较多之外，还有一些很复杂的历史背景，这个问题显然不是我能说清楚的。不过从研究材料的角度讲，有一个很直接的原因——印第安人文化遗存并不是那么容易研究的。

2012 年开学之初，有一堂课讲骨骼考古研究的道德规范与伦理（ethics），说起在北美和澳大利亚等地做考古发掘的种种困扰。这些困扰很主要的一方面就是来自原住民的抵触情绪。大家都知道，原住民与欧洲移民（早期叫殖民者）之间的矛盾由来已久，原住民对于这些占领了他们家园的白人有着根深蒂固的敌对情绪。如北美，大多数的考古学者都是白人，也就是欧洲殖民者后代，而北美绝大多数考古遗存都是印第安人的遗存，研究者和研究对象之间是天生的一对矛盾体。另外，原住民印第安人都有着自己的宗教信仰，他们十分尊敬祖先，是绝对不允许有人扰动祖先的遗物和遗骨的，尤其不愿意白人学者挖出自己祖先的遗骨和遗物送到实验室研究，并且将它们陈列到博物馆供人观赏。因此在北美本土的考古发掘经常会遭到原住民的阻挠，甚至引起冲突。

由于遭到阻挠，学者和政府往往都只能让步——尊重原住民的权益已经成为美国、加拿大等移民国家的共识(尽管不一定实施得有多完美)。最后很多情况都是按照原住民的要求，将已经发掘出土的人骨或者文物重新填埋。这种情况对于考古学家来说，相当于一种灾难，因为这就意味着珍贵研究材料的彻底丧失。曾经有一段时间，学者们在这个问题上吵得不可开交，争论究竟是以研究为重还是以尊重原住民权益为重，显然这种问题是很难有答案的。不仅原住民的遗存研究受到限制，考古发现的非洲奴隶遗存的研究也受限制，曾经有非裔美国人团体提出，要求奴隶遗存只能由非裔学者进行研究。

20世纪70年代和80年代，越来越多的印第安人呼吁美国各博物馆所藏印第安人的遗骨和遗物应当交给他们现存的后裔来处置。为了表现出对原住民权益的尊重，美国的老布什政府在1990年颁布过一部法案，叫《美国原住民墓葬保护及遗物归还法案》(*Native American Graves Protection and Repatriation Act*，简称 *NAGPRA*)，规定美国所有受联邦资金支持的博物馆、研究所等机构必须将其收集的人骨遗存及相关随葬品进行整理，弄清其分别可能与哪些现存的原住民部落(联邦政府承认并注册的)有关，并与相关部落沟通协商，遵从他们对这些遗骨和遗物的处理意见。这无疑给考古学者增加了新的压力。在这种情况下，考古学家们只有尽最大努力去与相关的原住民进行沟通协商，运气好的话能够获得一定的研究机会，比如在限定时间内完成研究。多数情况之下，只能很无奈地将遗骨和遗物归还给相关部落。

目前北美很多的大学、博物馆和研究所虽然也还有一定数量的印第安人骨资料，但是说不定哪天就会被某一个或者几个部落找上门来索要。如果人家有证据证明某些骨骼或者遗物属于他们祖先(比如出土地点是他们传统的居住地等)，就只能依法归还。在这种情况下，研究材料，尤其是人骨材料就特别的稀缺和珍贵——学者们都尽最大的努力从现有材料上获取信息，这实际上间接地促进了研究方法和手段的进步。

虽然受到很多限制，北美本地也不是完全没有考古发掘，当然主要是遗址，很少涉及人骨遗存。因此考古研究中，比如体质人类学、古病理学、稳定同位素研究、古 DNA 研究等和人骨相关的方向的学者绝大部分都是在北美以外的地方寻求发展空间，学生也只能到其他地方实习。这同时也推动了北美学者向世界其他地区扩展研究领域。虽然没有人正式地讨论过这个话题，但我认为这与研究材料的受限和北美考古学技术方法的繁荣，以及北美学者向世界各地扩展是有一定联系的。

北美人骨遗存的考古研究与原住民权益之间的冲突至今仍没有彻底解决，其中近些年最著名的一个案例是关于 Knneweck Man 的争议。[①]Knneweck Man 是一具保存相当完整的约 9000 年前的人骨，1996 年被发现于美国华盛顿州。这一发现对于研究北美早期人类来源的价值是不可估量的。当时发现地附近的原住民部落声称这是他们祖先的遗存，要求发掘者依法归还。但是来自 Smithsonian 研究所的几个著名学者坚持认为这些遗存与印第安人没有关系，因为其年代早于已知最早的印第安人文化，于是拒绝归还。接下来是长达八年的官司，2004 年美国法院判决 Knneweck Man 的遗存与印第安人之间的关系无法确定，不适用 *NAGPRA* 相关条款，可以继续研究。这一判决在学术界和印第安居民中引起了很大的震动，并且再次触发了白人与印第安人之间的对立情绪，有学者专门对此撰文讨论。[②]2015 年，来自丹麦哥本哈根大学的学者对这具人骨遗存进行了 DNA 研究，证实了其与现代印第安人存在血缘关系，是印第安人的祖先遗存，这项成果发表在 *Nature* 上。[③]尽管如此，Knneweck Man 遗存的归属以及涉及的争论仍然余波未平。对于其中涉及的是是非非姑且不予置评，但是这一争论和涉及的研究过程确实暴露出了现实研究中的尴尬境况，另一方面也用科学的证据证实了北美印

① http：//www.burkemuseum. org/blog/kennewick-man-ancient-one. http：//www.nwd.usace.army. mil/Missions/CivilWorks/Cultural-Resour ces/KennewickMan. aspx.

② Zimmerman, L. J. : Public Heritage, a Desire for a "White" History for America, and Some Impacts of the Kennewick Man/Ancient One Decision. *International Journal of Cultural Property*, 2005, 12 (2)：265-274.

③ http：//www.nature.com/nature/journal/vnfv/ncurrent/full/nature14625.html.

第安人的悠久历史。

　　每次谈及相关话题时，我总会联想到国内的情况。我跟老师和同学们说起来我们一次发掘可以出土数百具人骨和数千件遗物，我们的库房中有数千具不同时期的人骨和上万件不同材质的遗物可供研究，绝大部分人都觉得难以置信，跟听说一个巨大宝藏一样。大概也是因为资源丰富的原因，中国考古的基础研究工作量十分巨大，我在考古研究所工作了三四年对此深有体会。绝大部分业务人员都是连续奋战在基建考古前线，很少有时间坐下来对发掘材料作仔细研究。基本的材料如出土陶器、石器、铜器等尚无法细致研究，更不用说人骨遗存了——相关研究在国内考古仍然属于基础阶段，研究力量还十分缺乏。幸运的是，这些年大家的学术意识在不断提高，以骨骼为基础的各种研究逐渐开始得到学界重视。中国社科院考古所、吉林大学等机构也逐步培养出了一批批骨骼研究学者并开始在各地开展工作，在他们的影响下，各地方考古研究所都开始有意识地收集人骨和动物骨骼、土样等以往经常被忽略的材料。随着考古学科的发展，这些材料在不远的将来必然都是宝贵的研究资料。

一个犀利的考古学家谈文明

系里有个很犀利的老师，在波兰获得硕士学位和博士学位后移民到加拿大，到阿尔伯塔大学任教。他负责一个有十多个大学参加的国际考古项目，我们开玩笑说他是系里最大的老板，因为系里大部分老师也都参加过他的项目。说他犀利，除了理论功底深厚之外，跟他的学生交流中得知他确实是一个很严厉的老师，甚至有点固执。

每周三是他讲课，因为要交流讨论，我事先读了他发来的一些文章。读过之后的感觉完全是云雾缭绕——以我有限的英语水平，完全没有办法跟上他的节奏，尤其是在很多涉及理论的问题上。课上他讲的内容理论色彩十分浓厚。根据各种学科的特点，他把目前的学科分成几类，考古学被称为 most confused，或者可理解为最令人困惑的学科？其中有一点我印象十分深刻，他这样总结的主要依据是目前考古学中很多方向或者概念是错误的，比如说关于人类进化史的一个概念：modern human（现代人），这个 modern 就是一个错误的概念。什么是 modern？就是因为几个现在的学者给出的几个技术性的标准，就把人类进化史上较早的一个阶段给武断地归为非 modern，或者说原始——这显然是错误的。

这一下子就直接冲击到很多我们已经熟知并且接受了的概念，而我们似乎很少去思考这些概念是否合理。当时我就意识到这真的是个犀利的老师，于是我想到一个类似的概念：civilization（文明），这也是一个广为人知的概念，并且早期文明是国内近几年受到国家重视的研究内容。然后我问他如果按照他的思路，现在所用的文明这个概念是否也是个值得探讨的概念（我用的是 arguable concept），并不敢太冒失。他的回答很直接，说文明这个概念就是错误的。现在所给出的文明的标志，比如城市、政权等，实际上在早期任何一个阶段的文化中都是可以找到的，只是具体体现的形式不同而已。比如早期的聚落的功能归根结底与后来所谓的城市是很相近的，只是形式及规模有别而已；再比如早期社会里的一些组织结构难道不能看做一种特殊形式的政权？我们现在把 smart phone 和 computer 视为现代文明的象征之一，何以见得数百年之后的人类会把它们认为是一种文明？

　　他噼里啪啦地批判了一通，并且举出了好些例子，我勉强跟上了他的节奏但是并不赞同他的看法，似乎过于偏激。我认为当前文明的概念是现代人根据自己的认识水平给过去某一个时间段的文化特征的一个概括或者总结而已。对于这个概念的定义方式体现了人类发展史上某一个阶段的文化特征，可能受到定义出现时人们所具备的知识水平和社会背景的局限，但不能说是错误的。也就是说我们现在定义的和研究的文明，是 20—21 世纪人们认识到的文明，是带着时代烙印的文明概念。悲剧的是，这些内容虽然在我的脑子里非常清晰，但在当时的环境下很难用英文去表述清楚。他似乎看出来了我想的是什么，也没等我开口就很快接着发表他的见解——这个时候我还在琢磨怎么去表达自己的意见，就完全跟不上他的节奏了……下来之后我才深刻地体会到，理论问题的讨论是应当建立在对等的语言水平上的，而以我当时的语言水平和薄弱的理论基础来说，完全没有能力跟他讨论。

　　在欧美的考古学界，考古学理论也是一个专门的研究方向。自20 世纪中叶以来，受哲学和社会学理论影响，历史文化主义、新考古学、后过程主义等新理论层出不穷，每一个时期都有一批犀利的考古学家，并且不同理论派别之间的争论也十分激烈，据说曾经发生过某学者演讲过程中被持反对意见的听众扔鞋的事。系里还有一个老师是 70 年代密歇根大学毕业的，也是理论功底十分深厚的学者，我听他们讲课都非常吃力。涉及考古学理论的英文文章，对于我这种缺少人类学教育背景、语言水平一般的中国学生来说，宛若天书。在听几位老师上课之后，我尝试读过伦福儒和宾福德等人的文章，实在难以完成，不得不承认自己在这方面的弱势。

这些年中国考古学者在国际上的影响逐渐扩大，各类顶级的期刊上频频见到中国学者的文章，很多顶级院校或研究所中也都有中国学生和学者。然而有一个事实必须得承认，中国学者目前能够与国际学术界对话的领域，仍然是偏技术性的（或者说科技考古），理论研究领域较少见到中国学者的贡献。当然这并不是说中国学者理论研究水平差，应该是与中国考古学科发展背景有关。中国的前辈考古学家们根据中国自己的情况建立了自己的一套理论体系，这套体系与西方人类学和社会学背景下产生的考古学理论体系具有很大差别。因此中国学者很少会去专门研究西方的考古学理论，而西方学者也只有极少数熟悉中国的理论体系，两个不同理论体系之间的对话空间比较有限。

再回到前面文明与文化的话题，我后来慢慢明白了这个老师的意思。现在给出的文明概念，只能概括某一个特殊时期的文化特征，但是同时将之前的文化排除在了文明范围之外——这显然有失公允。在特殊的环境之下这样的概念可能会引起学术之外的问题，比如可能会被一些人认为是歧视。因为不同时期不同地区的古代文化面貌是存在很大差别的，例如延续上万年的北美印第安人文化就没有发展出城市、文字、高度集中的政权，并且一直以石器为主要工具。按照现在多数学者对文明的定义，这样的文化显然是不能被称为文明的，这可能就有点歧视的色彩了，而这个问题在北美一直是很敏感的。

或许文明之前加上一个限定语会更合适一点，或者可以用另一个比较中性的词代替这个词汇？当然这些都是我自己的思考了。经过数次讨论之后，我也很深刻地认识到了自己在语言和考古学理论方面的缺陷，于是就放弃了在理论方向上的努力，专心地去做自己的技术考古了。

学校外景

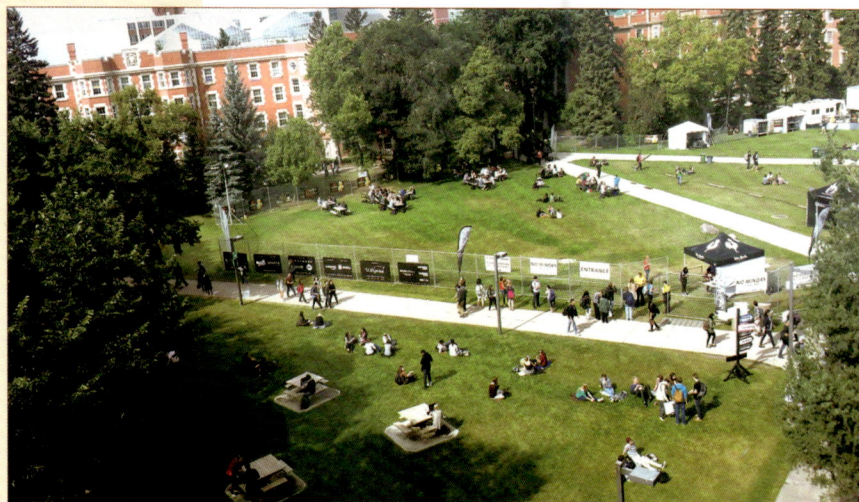

学校中心广场

Cock 与 chicken：
第一个和语言相关的笑话

今天课上讨论的文章之一是关于用 DNA 研究家鸡在世界各地传播的问题，发表在著名的国际刊物 *PLOS ONE* 上。[①]目前学界普遍接受的观点是家鸡最早在亚洲被驯化，其中印度和中国是两个最重要的但是存在争议的驯化中心。这篇文章认为这两个驯化中心的家鸡品种在很早之前就有了交换，因为文献记载"公元前 1400 年有中国的僧侣从印度带回了一只家鸡"（文章第 3 页左侧 18-20 行）。因为提到中国，这段我自然多看了两眼——公元前 1400 年，不正是商朝么？然而印象中似乎没有听说过商朝与印度有交往，更没听说商王朝还有 Monks（僧侣）。带着这些疑惑，于是就查了这段所引的文献——一篇 1913 年发表的题目叫 The Cock 的文章，发表于美国东方学会的刊物上。[②]1913 年什么概念，甲骨文也才被发现没几年呢，居然能有中国和印度交流的记载，这就引起了我更大的兴趣。

于是我对这篇发表于 100 多年前的文章进行了细读。文章中确实对中国古代的家鸡养殖作了介绍，说中国家鸡养殖的历史至迟可以追溯到公元前 1400 年（但是并没有提供这种判断的依据），并且认为是从最早的驯化中心缅甸及邻近地区传过来的，压根没有说公元前 1400 年左右的时候中国僧侣从印度带回一只鸡的事。我设想过很多可能，比如笔误或者讹传等，并且在谷歌上搜了很多遍，然而最后也没有弄明白这个结论究竟是怎么来的。*PLOS ONE* 发表的这篇文章的作者团队由 19 个来自美国、澳大利亚等国的 18 家不同研究机构学者组成，并没有一个中国机构或中国学者参加，大概也

① Storey, A. A., Athens, J. S., Bryant, D., Carson, M., Emery, K., Higham, C., … & Ladefoged, T.: Investigating the Global Dispersal of Chickens in Prehistory Using Ancient Mitochondrial DNA Signatures. *PLOS ONE*, 2012, 7(7): e39171.

② Peters, J. P.: The Cock. *Journal of the American Oriental Society*, 1913(33): 363-396.

是这个细节没有人注意到的原因吧。

　　课堂上的讨论中，关于 DNA 我实在不熟悉，也无法提出问题或者发表意见。但是这种讨论很随意，话题可以很广泛，并且老师是根据学生发言情况打分的。如果一节课闷着一句话不说，是直接影响成绩的。于是我就提出来了开头的这个问题——说这个细节肯定是有问题的，建议大家以后对这样重要杂志的文章也要谨慎对待，如果谁再继续引用这个观点，那就错得更远了。于是大家就注意到了 1913 年的那篇文章，一个女生念出来了这篇文章的名字——The Cock，并且用了一种奇怪的声调和表情，于是全堂男女哄笑，包括老师！而我则当场蒙圈，真没有明白笑点在哪里。

　　下课之后我还在琢磨这个事情，但是不好意思去问别人为什么发笑。大家显然不是针对我的问题，似乎就是针对这篇文章的名字（当时除了我就没有人看过那篇 100 多年前的文章内容）。我只能自己去做一些探索。原来现在英文中的 cock 已经不是指那种常见的被我们叫做鸡的家禽，而主要是指男性某一个器官——难怪读到这个词时同学和老师都会哄笑。新浪博客上有一博主写新移民在美国因发音不准闹笑话的事情，其中就有要买 coke（可乐）说成了 cock，然后导致营业员大囧的例子。[1] 话说要是换了我也一样，人家笑死我也不会明白原因——谁知道百十年间这一个词的含义居然经历了如此天翻地覆的变化呢？

　　这中间的变化确实很令人莫名其妙，具体的过程就需要语言学方面的专家去研究了。后来在喝酒时把这个笑话说给同学们听的时候，有人就提出在中文里"鸡"这个词的含义不是也经历了很大的变化么？不知道从什么时候开始，这个词经常被大家和某特殊行业联系起来，也会经常闹出一些笑话来。可是我到现在还不能明白的是，鸡作为一种全世界人民都熟悉的家禽，为什么在英文和中文语境中的地位变化都这么具有戏剧性呢？

[1]　http://blog.sina.com.cn/s/blog_701d611d0101kf7s.html.

瑞典版的"曹操墓"之争 *

* 本文部分内容发表于《东方早报·上海书评》，2016年11月20日第11版。

2009年年底河南省文物考古研究所公布了曹操墓考古发现，随后引起了全国范围内的激烈争论，首次使一个考古项目，同时也使整个考古行业成为2010年社会舆论的焦点之一。在多个版本的"2010十大文化事件"中，曹操墓争议都占有一席之地①，其引起的社会关注可见一斑。

① 大河网版本见http：//www. topicdiscussion. net/article/803289 0366/，新华网等有转载；另一个版本见《中华读书报》，2010年12月29日第11版。

2013年年初在上骨骼化学分析课程时，安排有一篇阅读是关于古DNA研究的。这个研究的内容是利用古DNA分析法辨认瑞典历史上一个著名历史人物Birger Magnusson的遗骨，发表于2012年的 *Annals of Anatomy-Anatomischer Anzeiger* 上。②读完之后顿时觉得这不就是瑞典版的"曹操墓"么——争论主角的身份、争议墓葬中所葬个体的可能身份，等等，都与中国的曹操墓争论有着惊人的相似。这篇文章的背景介绍相当详细，并且提供有丰富的参考资料，这里我先简要介绍一下相关内容。

② Malmström, H. , Vretemark, M. , Tillmar, A. , Durling, M. B. , Skoglund, P. , Gilbert, M. T. P. , … & Götherström, A. : Finding the Founder of Stockholm-A Kinship Study Based on Y-chromosomal, Autosomal and Mitochondrial DNA. *Annals of Anatomy-Anatomischer Anzeiger* , 2012, 194(1) :138-145.

争论的主角Birger Magnusson，瑞典贵族之后，出生年月不详。他于1248年任职"jarl"，其地位相当于拉丁语中的earl(伯爵)或者duke(公爵)，属于距离国王最近的位置，即中国所说的"一人之下，万人之上"的位置。同时，由于当时的国王是他未成年的儿子Valdemar(因为Valdemar亲舅舅、国王Erik Eriksson死后无子嗣，Valdemar于12岁继承王位)，Birger的地位就可想而知了，也就是这个国家的实际统治者。这个人实际统治瑞典近20年，政绩突出，包括制定法律、改革税制、建成斯德哥尔摩等，并最终将瑞典建成一个现代天主教王国。因为这些成就，他被称为瑞典历史上最杰出也是最著名的人物之一。

Birger 的家庭关系大概是这样的：他 1235 年与国王的妹妹成婚，子嗣众多。长子 Valdemar 于 1250 年继承其舅舅的王位，次子 Magnus 于 1275 年从哥哥手中夺得王位，另一子 Erik（被称作 Erik Nobody）于 1275 年早逝。Birger 的妻子于 1254 年去世，Birger 于 1261 年又与孀居的丹麦王后 Mechtild 成婚。

据 15 世纪文献记载，这个著名的政治人物于 1266 年去世并被葬于 Varnhem。他的第二任妻子 Mechtild（1288 年去世）和第三个儿子 Erik 与他合葬。合葬墓位于西多会修道院教堂西侧的祭坛之前，教堂里有他的石雕肖像，被认为是瑞典最古老的石雕肖像。16 世纪 30 年代该教堂遭火灾，早期的遗物基本损坏殆尽。Birger 墓上的碑在教堂重修过程中被移走，其墓葬在教堂内的具体位置从此无人知晓。

20 世纪初 Varnhem 扩建过程中发现一座墓葬。该墓葬于 1920 年被发掘，并由当时瑞典最著名的人类学家进行人骨鉴定。专家认为该墓葬中的两具成年男性尸骨和一具成年女性尸骨分别属于 Birger、Erik 和 Mechtild。因此该墓葬被确认为 Birger 之墓，那座修于 13 世纪的墓碑（刻画有这三个人的形象）也被重新安置于墓葬之上。1997 年，有专家撰文质疑最初的鉴定结果，尤其是性别鉴定结果，他们认为那具被鉴定为 Mechtild 的女性遗骨实际上属于一个男性。如此，则当初对墓葬的鉴定结论要全部被推翻。于是该墓葬于 2002 年被重新打开进行人骨鉴定，这次采用了人骨形态、性别、年龄、古病理以及古 DNA 等多种分析方法去验证三具人骨的身份。从亲缘关系角度看，如果当初对三人身份判断无误，那么这两个男性之间应该存在父子关系，而那个女性（Erik 的继母）则与两个男性无任何生物学上的关系。

以上是背景材料。闹到对这样一个著名的历史人物开棺验尸的地步——我相信这不仅仅是出于对科学的追求，其中所涉及的瑞典国内关于墓主身份的争论应当不会亚于中国关于曹操墓的争论，甚至可能会更激烈。当然这些都不是学术论文所讨论的内容了，我也没有进一步去搜寻。

具体的分析方法和过程就不细说，最新的骨骼鉴定结果如下：三具人骨包括两个男性和一个女性，说明最初的性别鉴定无误。新的分析方法还获得了更详细的信息：女性个体去世年龄65岁左右，有轻微的骨质疏松症状（与年龄特征相符），牙齿磨损非常轻（表明其生前食用高品质的细软食物，社会地位应该较高），这符合文献记载的 Mechtild 的各种情况。推测为 Birger 的老年男性个体去世年龄55岁左右，右眉骨有一愈合的伤疤，可能与其1240年左右参与的一场战争有关。推测为 Erik 的青年男性25岁左右去世，可观察到脊柱侧弯和胸骨畸形，表明其患有先天性马凡氏综合征（Marfan's Syndrome）。这些特征均与历史上关于三人的记载相符。而古 DNA 分析结果表明两个男性之间的父子关系并不矛盾，同时年轻男性个体与女性个体之间并不存在血缘关系——这些判断进一步支持了最初对三人关系的判断，同时也证实了该墓葬即为 Birger 的墓葬。

按道理说，墓葬的位置确定了，墓葬中所葬个体的年龄性别特征也都与历史记载吻合，并且 DNA 分析得出的三个个体之间的亲缘关系也吻合，在这多重证据的支持之下这个鉴定应当是没有疑问了。然而此事并没有就此打住，接下来的发展轨迹很让人意外。

文章最后说，为了进一步确认 Birger 的身份，专家们计划对位于斯德哥尔摩的 Birger 另外两个儿子的墓葬进行开棺分析。这几座墓葬的墓主身份信息都是明确的，DNA 分析的结果能够进一步验证对 Birger 遗骨的分析结果。从科学研究的角度讲，这无疑是对真理的不懈探索。但是从伦理上讲（无论是任何宗教或文化背景），这似乎都有点过了——对历史名人两次开棺之后又对其多个后代继续开棺检测。最令人吃惊的是，文章最后说开棺申请居然已经获批！这不能不令人惊讶，这背后的动机究竟是对科学的追求，还是有其他的原因，因不熟悉瑞典的情况故无法评论。下面再回到中国关于曹操墓的争议。

曹操与 Birger 两人虽然时代相差千年，地域相隔万里，其在各自历史上的地位却是惊人的相似——都是权倾天下的重臣，并且其儿子都成了真正的统治者(多个儿子之间的厮杀夺权自然也是不可避免的)。在两个不同案例中，处于争议之中的三个人物的关系也是相似的——父亲、英年早逝的儿子(在曹操墓争论中是曹昂)以及与儿子无血缘关系的继母。只是两个案例中父子之间去世时间顺序有差异。如此戏剧性相似的背景、同样的身份争论，在中国和瑞典两地的考古学研究中却有着完全不同的发展方向。

我们可以看到，关于 Birger 身份的论证中并没有提到随葬品，这与当时天主教的葬俗有关。当时的背景下，墓主的身份是以墓上雕像(tomb effigy)或者昂贵的墓碑来表现的，墓葬中除了少量随身物品之外并无太多随葬品。因此瑞典案例的争论焦点和考古学家的研究对象主要集中于人骨遗存上。而在中国，判定曹操墓最直接的证据是随葬品(尤其是石牌上的刻字)，随葬品后来也成为争论的焦点之一。至于人骨信息，除了当时考古简报上有简单的介绍之外，并不见更多的研究。这直接反映了不同的丧葬习俗和不同的考古学传统。

曹操墓的保存情况十分糟糕——墓葬遭到多次盗扰。根据《考古》2010 年第 8 期公布的材料看，出土人骨有 3 具，均被扰动，其中一名男性去世年龄经鉴定在 60 岁左右。[1]其余两具人骨的性别年龄信息并未公布，然而根据官方新闻发布会的材料，这两个个体均为女性。[2]也有其他渠道(包括发掘领队的个人博客)[3]称两个女性个体一为 20 多岁，一为 50 多岁，但不知为何未在发掘简报中公布。这两个女性个体的身份一直也是争论的焦点之一，但是考古学家对此并没有进行回应。我认为，在没有正式的性别年龄信息公布之前，各种争论和推测都是不可靠的。学者们对此问题的回避，可能是由于当时鉴定信息公布得不完整，这是一种谨慎的态度。

2016 年出版的发掘报告《曹操高陵》第 179~189 页公布了详细的人骨鉴定报告。[4]判定为年轻女性的个体实际上只有头骨得以保

① 潘伟斌，朱树奎. 河南安阳市西高穴曹操高陵. 考古，2010(8)：35-45.

② http://www.scio.gov.cn/xwfbh/qyxwfbh/document/505395/50 5395. htm.

③ 新闻报道:http://news.sohu.com/20091229/n269272061. shtml, 考古发掘领队的个人博客:http://blog. sina. com. cn/s/blog _ 63ef4127010013x4. html.

④ 河南省文物考古研究院. 曹操高陵. 北京：中国社会科学出版社，2016.

存，性别的鉴定也是根据颅骨形态特征做出的；判定为老年女性的个体有颅骨、肢骨、髋骨等形态证据。实际上这仍然给相关的研究留下了争议的空间——因为性别的鉴定主要是依据髋骨的特征，颅骨形态只能作为一种参考。在缺乏髋骨形态证据的情况下，依据颅骨形态做出的鉴定结论只能是"疑似"，而无法确定。这在人骨研究领域是很正常的——如果骨骼保存不好，尤其是很关键的部位没有保存，性别鉴定很难给出肯定的鉴定结论。如果依据不完整的证据给出一个肯定的结论，显然是会引起争议的，尤其是在这种社会关注度极高的情况下。

中国业内专家们都将这次轰动全国的争议看做向公众普及考古知识的一个机会，而公众确实也通过这个事件对考古行业有了更具体的认识。遗憾的是，有一个很重要的研究领域——人骨研究，还是被忽略了。一直以来没有专家出来给公众介绍性别年龄鉴定的依据，鉴定结果的可靠程度如何，以及有哪些影响因素，为什么不讨论两个女性的身份问题等。这导致许多反对者在性别年龄和身份问题上大做文章。当时也有人提出为什么不进行古 DNA 分析，专家只能以技术上不成熟予以回应——这是一个无奈的事实。在当时（2010 年左右），国内考古行业对人骨的研究重视程度确实有限，相关大专院校开设人骨研究有关课程的为数不多，从业人员更是极少。而古 DNA 研究在当时对于绝大多数考古学专家来说，仍然是一个听起来熟悉但是研究中十分陌生的领域。

当时复旦大学的历史学系和现代人类学教育部重点实验室联合课题组宣称要做曹操后裔的 DNA 研究，曾被很多人看成故意炒作，许多考古学专家对此也持怀疑态度。事实上他们的研究成果已经分别于 2012 年和 2013 年在著名学术期刊 *Journal of Human Genetics* 上发表①，并且在相关领域引起关注，证实了他们当初设想的科学性。遗憾的是考古领域的专家似乎没有人关注这个研究成果，也没有表现出进一步合作的意愿。这反映了当时古 DNA 研究在中国考古领域尚未引起足够的关注。

① Wang, C. C., Yan, S., Hou, Z., Fu, W., Xiong, M., Han, S., ... & Li, H.: Present Y Chromosomes Reveal the Ancestry of Emperor CAO Cao of 1800 Years Ago. *Journal of Human Genetics*, 2012, 57（3）: 216-218; Wang, C. C., Yan, S., Yao, C., Huang, X. Y., Ao, X., Wang, Z., ... & Li, H.: Ancient DNA of Emperor CAO Cao's Granduncle Matches Those of His Present Descendants: A Commentary on Present Y Chromosomes Reveal the Ancestry of Emperor CAO Cao of 1800 Years Ago. *Journal of Human Genetics*, 2013, 58（4）: 238.

瑞典的 Birger 墓葬之争居然和中国的曹操墓争议有如此多的戏剧性相似之处，但两地考古学家解决争议的思路和方法却完全不同。这样的差异虽然很大程度上和考古材料的背景(尤其是丧葬习俗)有关，但是其中反映出来的我们在人骨研究方面的短板确实也值得注意。如果将来的某一天我们也能够用古 DNA 研究来解决某一个古代人物身份在考古学上的争议，这在我们的考古学史上想必也是具有划时代意义的。

　　后记：我写下这篇短文 4 年之后，也就是 2017 年，曹操墓争议已经过去了 7 年多。在这些年里中国的科技考古得到了迅速的发展，古 DNA 研究也越来越得到学者们的关注。根据最新的消息，曹操墓的发掘单位，也就是我所在的河南省文物考古研究院已经与吉林大学有关专家达成合作，开始准备对曹操墓出土的遗骨进行 DNA 分析。如果这次能够成功地提取到三个个体的 DNA，那么其影响肯定会如我在 4 年前所想，在中国考古学史上会有划时代的意义。

在路上：一次北美式的穷游

2013 年 5 月结束了第一学年的全部课程。最后一场考试结束之后，美国同学 Ben 相邀一起开车去西边 1200 多公里的温哥华。我和两个中国同学都没有车，对这个地方还很陌生，我们就跟着他体验了一次比较纯粹的北美风格自驾游，也是纯粹的穷游。一路别有风格的自然景观和人文景观让我们心旷神怡，为此我还专门为国内一家旅游杂志写了一篇游记①。然而印象最深刻的仍然是一路上感受到的北美风格，就分行和住这两个主题来介绍吧。

(一)任性的汽车出行

在地域辽阔的北美大陆上，交通基本靠汽车，要不就飞。美国和加拿大都有数条横贯东西的大铁路，但是基本都是以货运为主。少量的客运列车大多是观光专列，硬座的价格都差不多赶上飞机商务舱，因此一般的北美居民也望而却步，更不用说穷学生。有几个到过中国的加拿大同学对中国发达的铁路网仰慕不已，这点也让我们很自豪。

北美人的出行风格，如果找一个合适的词来形容的话，那就是任性。Ben 的汽车是他父亲从洛杉矶给开过来的——地图上查了一下，洛杉矶到我们学校所在地 Edmonton 大约 3000 公里。Ben 很轻松地说，一边开一边玩就一个星期左右，原来也经常开车横穿美国东西的(也是 3000 多公里)。他爹带着他娘还有一个弟弟一路北上开到了加拿大，待了几天，然后把车丢给他，坐飞机回去了。这样的任性并不是个例，另一个女同学来自美国田纳西州的 Nashville，

① 周立刚.加西自驾：寻找北美世界里的纯粹.TOP 旅行，2012(10)：111-116.网络版见 http：//top.fengone.com/attachments/2013/10_20131006/online.html.

她的第一辆车是和丈夫一起从家里开来的。后来她爷爷去世之后，她又计划回家把爷爷的车开过来，完全跟进城买个菜一样随意，她在美国的家距离加拿大的学校可是有 2000 多公里啊。

如此的长途跋涉从美国开车到加拿大使用，并不是因为汽车有多贵。北美的二手汽车价格很低，成色一般的普通车就几千块美金。一个不恰当的比喻，他们买一个二手汽车大概就相当于国内买个新电动车差不多。我还见过一个同学花 1400 加币（当时相当于七八千人民币）买了一辆二手本田车，车门锈迹斑斑，几乎一捅就要破，车上暖气不能使用，但是照样在高速公路上一奔上千公里。

加拿大人也毫不逊色。一个加拿大同学来自东部邻省的 Regina，距离 800 公里左右，逢节假日（一般的假日加周末也就是三天）必回家，当然是开车。经常是周五下午下课之后赶完各种作业，晚上 12 点多开车走（路上车少），早晨七八点到家。他说长途开车确实很累，不过他们有办法——冬天晚上困了就把车窗打开吹一会儿那零下二三十度的风，立即清醒；夏天就开窗把胳膊伸出去喂草原上成群的大蚊子，也能保证你不犯困。我还真以为他们开车就不犯困呢，他们这样的任性让我大开眼界。

虽然现在国内长途自驾游也很热，单程开两三千公里的大概也不是很多，太远的路程过路费价格就够买飞机票了。北美人之所以能够这么任性，除了铁路不方便、汽油便宜、几乎没有过路费等客观因素之外，大概在他们的骨子里还有一种情怀，一种自由驰骋不愿受约束的情怀。工程系唐耀同学讲了一个很有趣的事：他们有个年纪很大的老师，课上经常讲他的梦想就是开着车顺着落基山脉走，从加拿大一路向南纵贯美洲大陆。有一天一个学生很认真地告诉他说，由于地理原因，南部某一个地方汽车是无法穿越的。老教授很惊讶，查了地图发现确实如此，然后黯然神伤。大约在他们的眼里，世界上最远的距离就是汽车无法到达的距离吧。

(二) 简单且豪放的住宿

Ben 在网上订宾馆的时候征求我们的意见，我听到他说 hostel 的时候有点惊讶。虽然是背过 GRE 红宝书的，但我并不曾见过这个词。当时很理所当然地想，难道宾馆(hotel)也可以这样发音？然而我并没有多问，因为英语也有很多地方口音或者方言，红宝书断然是查不到的。

第一站住宿的地方是在卑诗省(British Columbia)东部的 Sorrento 小镇(后来查了一下，Sorrento 比镇的级别还要低一点)，确切地说是小镇附近。汽车驶过小镇的时候，我们略缓了一口气：看这个小镇的规模，住宿条件大概也不会好到哪里，前面可能会有好一点的旅馆。我们猜想美国人对住宿条件的要求应不会比我们低吧。

走着走着汽车就在路边停了下来，Ben 拿着手机地图开始四处寻找，说住宿的地方就在这附近。我的天！路边除了一个破旧的小商店并没有别的建筑，然而他很快确认这个小商店就是我们要找的地方。我们几个中国同学顿时面面相觑，心里有种这会不会是梁山脚下黑店的感觉。因为是全部委托他订的，也不好说什么，就跟着他进去了。还真就是这个小商店。房东大妈倒还是热情，用那种最老款信用卡刷卡机(就是一划拉复印了姓名卡号和过期时间，信用卡上凸起设计可能就是为了适应那种机器)给我们办好手续，每人发一套洗得发白的蓝色枕巾和被罩床单。然后带着我们从里面昏暗的楼梯走下去——小商店建在路边，外侧是一个湖，楼梯向下通到湖边。走下楼梯来到了湖边，我们看到了几节火车车厢，是真火车厢，原来这就是我们晚上住的地方。

大约六节火车车厢停在湖边，底下居然还有几十米长的铁轨，大妈神神秘秘的，也不说是怎么弄过来的。每节车厢里面都分成两个部分，半截做厨房卫生间，半截作为宿舍。想来中外火车厢尺寸应该差别不大吧，半截火车厢内塞了6张上下铺，尺寸跟火车卧铺一样，有一张铺上还有个年轻人在睡觉。我第一反应是回到了春运的中国。不过既来之则安之，既然这个叫做 Squalix 的小店在网上都能订到，并且树林边上就地开辟的停车场上也有五六台车，想必应该不会是个黑店。还有一个放心的原因是跟着美国同学 Ben，虽然他不是肌肉男，至少有什么问题了语言沟通不成问题。没有柜子没有门锁，背包扔到床上之后大家就出了"房间"，开始端详起周边的景色来。

北侧是横加公路和太平洋铁路，南边距离湖边 20 米，其余的地方都是树林。地上那些知名不知名的花花草草让我们一下子感受到了春天的气息，两只羊驼在圈里懒洋洋地散步，大妈说湖边还有

Squalix 火车厢旅社

Beaver（河狸），还有烧篝火的地方，一切都是十足的乡村风味。这里住宿是不管饭的，也没有吃的东西。我们又去十几公里外的镇上买了点吃的和一些啤酒，Ben 急不可耐地找到了篝火营地。实际上就是用水泥和砖圈起来的一个小坑，旁边有一些凳子和木柴。北美人似乎对篝火有着特殊的爱好，我们把火燃起来之后，三三两两的人都从各个"房间"出来，提着啤酒围了过来，这才意识到原来这里还住了好几十人，都是十几二十多岁的年轻人：有高中和大学学生，有随着欧洲马戏团巡演了几十个城市的演员，有从加拿大东端多伦多驱车几千公里跋涉到此的欧洲青年，大家谈论着各自的旅途，丝毫没有陌生感。在晚会结束后我们还要负责去湖边提水灭掉火星，因为这是在北美的大森林中间。

Squalix 火车厢旅社

特制的篝火营地

因为有了晚上的篝火聚会，对于狭小的火车厢也没那么紧张了。第二天付费早餐是房东大妈自己摊的煎饼，配着枫糖浆，据她说也是这里的特色。吃完早饭，湖边溜达一圈之后继续驱车前行。第二站在温哥华大都市，没有住火车厢，而是另外一种风格。

我们四个人住一个单间——也就是一个小房间里两张上下铺，马上有回到本科生宿舍的感觉。毕竟是在闹市区，条件还是要好一点(价格也不一样)，有了洗澡的地方，有公用厨房并提供早餐。公用厨房对我们也是个新鲜事物。一个很大的房间里有好多张桌子和椅子，不同位置都有操作台、微波炉、烤箱、洗碗池、清洁柜等，靠墙是几台巨大的立式冰柜，里面密密麻麻地放着各种食物，袋子上都有姓名或者标签。有个冰箱门上写着通知：请大家存放食物时写上日期，存放超过三天的食物或者没有日期的都要被清理。大家自己买食物自己做，当然中国式的煎炒烹炸在这里肯定不行。如果要待下来仔细地感受这座城市，这种方式倒是不错的选择。在旅社的宣传册上，我终于看到了 hostel 这样一个词。然后查了

旅社里的公共厨房

一下原来是青年旅社的意思，和 hotel 真不是一回事，旅行果然长知识。

经历了火车厢旅馆和市区简单的旅社，我对北美年轻人的旅行方式大概有了一定的了解，对回程在阿尔伯塔省贾斯伯（Jasper）镇的住宿是有一定的心理准备了。第三站的住宿是在 Jasper 国家公园内一座小山顶上，距离小镇也是几十公里。一座两层带地下室的木屋掩映在树林中，后面是高高的雪山。好几个地方都有特别告示，请不要在篝火上烧烤食物，不要将食物留在外面。停车场旁边的猛兽足迹表明黑熊、棕熊等不久前曾多次造访此地，而我们途中在附近高速公路边上也曾遇到刚结束冬眠出来觅食的大熊。初春的时候这些动物具有很高的危险系数，不让在外面留食物显然也是为了避免它们循着气味找来惹麻烦。

这座山顶旅社仍然是公共厨房、卫生间、上下铺，不过这次没有单间，而是一间很大的屋子容纳了密密麻麻几十张铺位。好不容易在床架中穿行找到自己的铺位之后爬上去放东西，发现侧面下铺

与中国美国同学自驾游途中

已经有人睡着了。第一眼看到长长的金发并不感到意外，在这里长发飘飘的男同学比比皆是。然而旁边的衣服、鞋子还有其他用品很明确地告诉我其主人是个女性。有点震惊了——难道是男女混住的？或者说是这个女生困了在男朋友的铺位上睡着了？后来再次看到几个搭着浴巾进来的年轻女士时，我的第一个猜测被证实了。此时倒是我们显得尴尬，仿佛是我们闯进了女士宿舍一般，都不好意思正眼看人了。人家倒还是很大方地打招呼，并没觉得不适。

Ben 很快又找到了允许生火的地方和专用木柴，我们燃起了篝火，人们三三两两地聚了过来，又一场晚会开始了。在这里聚集的人背景更是多样：有欧洲的青年背包客，有澳大利亚来的大叔，有

隐藏在树林里的山顶旅社

美国的高中生，还有加拿大本地年轻人。许多年轻人都是在旅社打工挣食宿，休息时间周边旅游，攒到一点钱后就奔下一个站点，往往一出来就是三两个月或者更久。似乎半年以上的高中毕业旅行是很多北美青年都有的经历，这种洒脱大概是我们这些普通中国年轻人仰慕不已却又难以实现的。晚上，上百人混住的大宿舍里气味混杂、鼾声四起，颇有点小说或电影中大车店的感觉。此时心中的紧张感已经消失了，也就安安稳稳地睡了。

旅行增长阅历，这确实不假。然而即便是阅历丰富如曾经徒步青海、外驻南非数年的鹏飞同学，对这一路的经历也是惊诧不已。这一路所经历的大概就是北美青年最典型最喜好的旅行方式——用最节俭的方式走最远的路，认识更多的朋友。不过这种豪放的旅游

山顶旅社

方式并不一定适合中国人。在北美乡下背包旅行看起来是很洒脱，但还是有一定风险的，毕竟地域广阔、人烟稀少，通讯也远没有国内发达。如果有人想要尝试的话，最好还是找一个当地人结伴而行。我们如果不是跟着 Ben，恐怕是怎么也不敢在异国他乡投宿乡下的火车皮或者林中"大车店"的。

用人骨信息来讲故事

出国之后所学的专业也是考古，然而却是偏向技术类的，主要是与人骨有关。一年多以来学习的课程包括人骨基础、青少年人骨发育、骨病理学、牙齿人类学、骨化学分析等，都是以骨骼遗存为中心的，因此有机会阅读了不少有关人骨研究的著作和文章。

从阅读中发现，从事相关研究的考古学者们并不仅仅满足于记录或者描述可观察到的生理现象，如性别、年龄、身高、种族、健康状况、创伤情况等，而是努力通过所观察到的现象来重建这个人（或人群）的生活经历，进而为研究其生活年代的历史提供新信息。简言之，就是通过人骨信息来讲故事。当然这里的故事并不是信口胡编，而是需要结合历史背景、考古材料、人骨信息等各方面的证据，讲一个符合逻辑的故事。虽然讲一个科学的、符合逻辑的故事是每个学者都在追求的目标，早期也难免会有学者在这条路上走错了方向，讲出了令人啼笑皆非的故事。

20 世纪 70 年代考古学家在英国温彻斯特的 Worthy Park 发掘了一处大型的盎格鲁-撒克逊人墓地。其中有两个俯身安葬且没有任何随葬品的女性个体引起了学者的注意：因为当时流行的是仰身或侧身葬式，没有随葬品也表明她们社会地位很低。来自牛津大学的一名学者和另一位骨骼专家撰文对此进行了描述和解释：78 号墓安葬的是一名 16 岁左右的年轻女性，右侧大腿有明显的肌肉拉伤痕迹（符合用力并拢双腿造成的创伤特征），左侧股骨远端背面有一处尖锐伤痕，这些创伤大约在死前六个月左右形成。① 根据异常的葬式和这些创伤特征，两位专家对这个女性生前的经历进行了推测。

① Hawkes, S. C., & Wells, C.: Crime and Punishment in an Anglo-Saxon Cemetery? *Antiquity*, 1975, 49(194): 118-122.

文章中推测这名年轻女性生前曾遭受非常暴力的性侵害，右侧大腿肌肉拉伤正是她用力并拢双腿以反抗侵害造成；实施侵害的可能是一群男性，为了便于侵害，他们用匕首顶住受害者左侧大腿后部迫使她两腿分开且膝盖抬起（两位专家还对此进行了若干分析，此处略去）。受害女子事后怀孕且不敢声张，直到第六个月左右身体变化特征再也无法掩盖，在邻居和亲友的唾弃中被处死，并草率掩埋。这些推测并不仅仅是在考古材料基础上的推测，作者也分析了当时的社会环境（如法律不惩处通奸和侵犯女性的行为等）和盎格鲁-撒克逊女性的社会地位等，并且认为这种推测有 90% 的可信度。顺着类似的思路，作者认为另一名葬于 43 号墓葬的 20 多岁女性也是被裸身捆绑鞭打之后活埋的。

① Reynolds, N.: The Rape of the Anglo-Saxon Women. *Antiquity*, 1988, 62(237): 715-718.

　　这篇文章发表在国际知名考古期刊 *Antiquity* 上，当时在社会上引起了很大的反响，一时成为当地媒体争相报道的内容。很长时间并没有人怀疑这个结论，直到 1988 年另一名专家 Nicholas Reynald 在同一期刊上发文，从多个角度对此提出质疑[1]。其中两条关键的反驳证据是：（1）如果 78 号墓这名女性死前有六个月身孕且被俯身埋葬，她的脊椎不可能那么直（俯身埋葬，巨大的腹部会将背部顶起，造成脊柱变形）。（2）根据医生的意见，任何女性反抗侵害的力度都不可能大到撕裂大腿肌肉的程度。考虑到死者是一个年轻女性，骑马摔伤的可能性更大（骑马也需要用力并拢双腿）。当然，Nicholas 和他咨询的医生并没有像上面的两位专家那样十分肯定地下结论，只是说目前信息无法判断确切的死亡原因，但是骑马摔伤的解释似乎更合理。Nicholas 的文章开头很尖锐地指出，"一些很荒唐的观点经常出现在考古文献中并被人们接受，仅仅是因为它们被公开发表了"——有意思的是，他并不是来自大学的学者，而是来自爱丁堡的一家考古咨询公司。另一名来自瑞典于默奥大学（University of Umeå）英语系的学者也对这种以先入为主的概念来曲解考古和历史材料的行为进行了不客气的批评[2]，这个案例在其他考古著作中也成了一个经常被批判的反面教材[3]。

② Åström, Berit. The Creation of the Anglo-Saxon Woman. *Studia Neophilologica*, 1998, 70(1): 25-34.
③ 如 Lucy, S.: *The Anglo-Saxon Way of Death: Burial Rites in Early England*. Sutton Pub Limited, 2000: 70.

另一个类似的案例也是发生在英国。据 Ian Morris 的著作介绍[①]，在罗马时期的一处英格兰墓地中，考古学家发现了两个被砍头的女性，并且两个女性都有严重的关节炎。因此学者推测这两个女性生前由于严重关节炎的折磨导致脾气很坏，然后被人们当成女巫给砍了头。Ian 的书中并没有提供这个材料的出处，作者对此也没有进行批评，只是说需要更多的案例(砍头和关节炎共出)来验证这个假设。现在看来，这个解读虽然没有前面所提盎格鲁-撒克逊案例那样离谱，但是也是臆想成分居多，难以让人信服的。

虽然有这样一些看起来略显荒唐的先例，我们不能因此否定学者们在用人骨信息讲故事方面的努力。有一些成功的案例是非常值得我们学习的，比如我的导师 Sandra Garvie-Lok 博士在希腊对一具人骨所做的一项研究。

希腊考古学家们在发掘尼米亚(Nemia，位于伯罗奔尼撒半岛上)的一个角斗场遗址时，在角斗场入口通道里发现了一具人骨。人骨附近有油灯、锅、动物骨骼等遗物，旁边一堆石头下还有 23 枚钱币。钱币最晚的年代是公元 566—567 年，人骨及遗物都没有扰动痕迹——这是考古学家记录的信息。[②]随后人骨学家，也就是我的导师，对骨骼信息进行了详细的鉴定和记录，并结合当时的历史背景对此人生前的经历做了一些判断。[③]骨骼信息及生平经历复原如下：骨骼保存相对比较完整，属于一个 40 岁左右的男性，身高 156±3.9 厘米。颅骨顶部有一处三角形创伤，但是死前已基本愈合，无发炎感染痕迹。根据创伤痕迹的特征判断，应当是被锐器砍伤颅骨外表并削掉一小片三角形外层骨质，但是没有穿透头颅。这一创伤很可能是被剑砍伤所致。其他如退行性关节炎、骨赘等疾病特征都与其年龄相符，并表明此男性个体生前从事较重的体力劳动，且右肩和胳膊受力较多。两侧股骨都有曾患骨膜炎的特征，可能是软组织损伤造成，但死前已经愈合。

这具人骨首先引起人注意的就是其特殊的埋葬环境。这个时期一般都有专门的墓地，死者都会妥善安葬。角斗场通道显然不是一

① Morris, I.: *Death-ritual and Social Structure in Classical Antiquity*. Cambridge University Press, 1992: 93.

② Miller, S. G.: *The Early Hellenistic Stadium*, Vol. 2, University of California Press, 2001: 132-135.

③ Garvie-Lok, S.: A Possible Witness to the Sixth Century Slavic Invasion of Greece from the Stadium Tunnel at Ancient Nemea. *International Journal of Historical Archaeology*, 2010, 14(2): 271-284.

个适合安葬死者的地方，这也是唯一一例发现于这个位置的人骨。同时考古学家对周边环境进行了仔细的研究，确认并没有和这具骨骼相关联的墓葬遗迹，也就是说这名男性并不是被埋在墓坑里。因此他的生平经历就显得十分有趣，Sandra Garvie-Lok 博士对此进行了推测：此人生活的年代是公元 6 世纪晚期，也就是斯拉夫人大举入侵伯罗奔尼撒半岛的时候。历史文献和考古材料都表明这次入侵造成了很大的动乱，同时期骨骼遗存很多都有锐器留下的创伤痕迹。通道中发现的这名男性很有可能是在这次动乱中受伤(被剑砍伤头部)，但是伤口并不致命并很快愈合。随后他为了躲避动乱藏在这个通道中——遗留的生活用具及钱币表明他在此生活了一定时间，最后孤独地死于这个藏身之地(人骨完整，没有扰动痕迹)。

上述关于这个人生前经历的推测都是以考古材料和人骨信息为基础的，并没有太多的臆想，因此显得比较合理也可信。这个人的经历也并不算特殊，大概符合动乱时期一个普通人的遭遇。但是这样一个故事却使我们可以看到在当时特殊历史环境下一个普通人生活的剪影：战乱中受伤并失去家园，在一个偏僻角落中躲避战乱，数年后孤独死去。我以为，这个案例很成功地展示了考古学家和人骨学家该如何去根据已有的信息来讲故事。

上面的这些例子都是基于比较特殊的个例而做的研究，这样的个例(特殊葬式或特殊埋葬环境)并不是经常可以遇到。考古学家们绝大多数时候面对的是成群的、并不特殊的人骨遗存，这些遗存是否也可以讲出精彩的故事呢？答案是肯定的。

举一个我自己的研究为例。我目前的专业方向是稳定碳氮同位素分析及古人类食物研究，所以平时思考和关注的都是以人骨、农业、食物等为中心。我算是南方人，初次到河南时对于每天三顿的面食感到十分惊讶——为什么不吃米饭呢？同时很多河南的朋友对我每天坚持要吃米饭也表示非常不解。这就体现了一个南北的饮食文化差异：南方吃米，北方吃面。与之相对应的是现在南稻北麦的农业格局。但是植物考古材料告诉我们，自新石器时代开始南北的农业格局是南稻北粟，并且稳定同位素数据也支持这一点。显然北方的农业和饮食都经历了一个由粟到麦的转变，但是为什么作为中国北方本土作物且有着悠久历史的粟被外来作物小麦取代了主导地位，这种转变又是什么时候发生的呢？这对我无疑是一个非常有价值的问题。经过查阅文献，发现有历史学者也关注了这个问题，并且试图从文献中找出证据，然而并没有得出可信的结论——因为文献记载往往具有片段性，对这种日常生活的内容关注也较少。由于粟和小麦在同位素特征上完全不同，以粟为主食的人群和以小麦为主食的人群在骨骼的同位素特征上也是完全不同的，因此我们可以通过人骨的同位素分析来探讨这个问题。

简言之，以粟为主食的人骨骼中稳定碳同位素比值很高，以小麦为主食的人骨骼中碳同位素比值很低。中国北方居民的主食从粟到麦转变，则人骨的碳同位素值要呈现下降趋势。据此原理，如果对北方出土的不同时期人骨的同位素值进行一个纵向的对比，就可以观察到粟和麦这两种主食在人们饮食中比例的变化情况。按照这个思路，我对已经发表的 600 多个人骨同位素数据进行了梳理，最后发现小麦开始被北方居民大量食用的时间要远远晚于它传入中国的时间；同时小麦在北方居民饮食中的扩散速度也不平衡。新疆地区在公元前 2000 年左右大量食用小麦（该地区最早的人骨材料）；青海甘肃地区在公元前 2000—1500 年经历了粟到麦的转变（剑桥大学学者用新材料确认这个转变是在公元前 2000—1800 年[1]）；黄河中下游地区则更晚，至少在南北朝时期小麦仍然未能成为主食[2]。

这样，我们就以多个人群的骨骼信息来讲了一个小麦在中国北方传播并取代粟的故事。当然由于黄河中下游地区数据并不丰富，这个故事并没有能讲完整：比如这一地区具体什么时候小麦开始被大量食用，以及其原因是什么（历史学家并未关注）。这个没有讲完的故事对我的博士论文设计有着重要启发。我随后有目的地对黄河中下游地区（主要是河南地区）的相关时间段进行人骨取样分析，

[1] Liu, X., Lightfoot, E., O'Connell, T. C., Wang, H., Li, S., Zhou, L., ... & Jones, M. K.: From Necessity to Choice: Dietary Revolutions in West China in the Second Millennium BC. World Archaeology, 2014, 46(5): 661-680.
[2] Zhou, L., & Garvie-Lok, S. J.: Isotopic Evidence for the Expansion of Wheat Consumption in Northern China. Archaeological Research in Asia, 2015(4): 25-35.

力图给这个故事一个完整的结尾。幸运的是，最后我的研究确实如愿。这里简单介绍一下我的发现。

通过对东周和汉代数百个人骨标本的同位素值进行分析并与早期数据对比，发现自仰韶时期以来，中原地区居民的食物结构一直比较稳定，都是以粟为主食；到东周时期城市居民食物结构开始发生变化。最明显的特征是城市最底层人群开始食用大量小麦(碳同位素值明显降低)，而这种变化最明显地表现在战国时期。同时期城市里的富裕人群和乡村人群的食物特征和新石器时代晚期到商代的人群完全一致，几乎没有任何显著变化，仍然是以粟为主食。

结合东周时期动荡的历史环境，这个故事就可以继续下去了：东周时期战事频繁，且城市往往是军事打击的主要目标。所分析的样品来自郑韩故城，郑国在整个东周时期都是遭受攻击最多的国家(王应麟《诗地理考》卷三："春秋战争之多莫如郑。")，其都城应当也不会安宁。同时郑韩故城的人口众多，且频繁遭受自然灾害。这些背景很可能给城市的粮食供应造成压力，而粮食短缺最直接影响的自然是最底层城市人群。粮食严重短缺之时，他们不得不开始食用历来不被人们青睐的小麦。而同时期的农村居民受战乱影响较小，且有自己的耕地，因此能够继续种植和食用传统的粟。随后我又分析了一个河南境内东周时期贵族墓地的骨骼材料，同位素数据进一步证实了上述推测：即身份地位较高的人以粟为主食，而地位较低的食用较多的小麦。由此我们可以看到东周时期社会剧变对普通人生活的具体影响，这就是通过一个或数个人群的骨骼信息来讲故事。这些成果已经以论文的形式发表出来[1]，并且在不同学校用通俗的形式进行了介绍，得到了大家的认可。

考古学科从根本上讲属于人文学科，研究的对象是和古代人相关的一切东西。我们同时也要认识到，考古学研究的目的应当首先是告诉现代人，过去发生了什么。越来越多的人(包括公众和考古从业者)都逐渐认识到，考古学著作的专业性太强，甚至有些晦涩难懂。考古学家努力用自己熟悉的术语去介绍自己的成果和发现，

① Zhou L, Garvie-Lok SJ, Fan W, & Chu X: Human Diets during the Social Transition from Territorial States to Empire: Stable Isotope Analysis of Human and Animal Remains from 770 BCE to 220 CE on the Central Plains of China. *Journal of Archaeological Science: Reports*, 2017(11): 211-223.

然而听者往往是一片茫然，这对考古知识的普及显然不是一件好事。因此公众考古逐渐成为国内考古行业的一个新发展方向，并且在许多学者和机构的努力下取得了不错的成效。然而要想让公众了解这个行业，了解专家学者的成果，并不仅仅是参观工地、举办展览，或者举行讲座等形式就能够实现的。我们的专家学者应该学会用自己的材料讲故事，用故事的语言来向公众介绍自己的成果。而学习研究人骨材料的，则要学会用人骨信息来讲故事。当然，用材料讲故事也是要实事求是，有理有据，像本文最开始列举的那样离谱的故事虽能一时博得公众关注，最终还是会给这个行业的声誉造成伤害。

西方人的"寻龙诀"

——外国寻找墓葬的方法 *

＊ 本文部分内容发表于《东方早报·上海书评》，2016 年 10 月 9 日第 12 版。"西方人的'寻龙诀'"为该报编辑所加。

"感谢"这几年各种盗墓小说和电影的宣传，中国人一听到考古就会自然地联想到盗墓。说到盗墓，大家很自然就会问起大名鼎鼎的洛阳铲——无论见没见过实物，多数人都知道这个名字。这种民国时期出现的钻探工具把长眠于地下几千年的祖先扰得不能安宁，同时也成为考古工作者最头疼但也不得不依赖的工具之一。其发明者现在都认为是洛阳人李鸭子，至于他的具体职业和发明这个工具的目的这里就不多说了，因为有人因此惹上了官司①，我也不愿意因此惹上麻烦。

① http://www.chinanews.com/cul/2014/07- 04/6351886.shtml.

到加拿大学习考古之后，我一直很想知道洛阳铲的世界影响究竟多大，国外考古到底用什么找墓。可惜如前面说过的，北美考古发掘墓葬的机会太少，系里的老师和在考古公司工作的同学也很少参与过墓葬勘探工作，所以很长时间一直是个困惑。幸运的是，有个老师从事原住民考古，某天讲起她们在印第安人遗址上作勘探，她用来表示勘探的词是 coring（钻取土样或打孔勘探）。虽然没有专门介绍工具，这也给我提供了一个很好的线索。担心专门问工具的问题显得太幼稚，于是我还是决定求助谷歌——居然还真有一篇介绍美国考古勘探历史的文章②。根据这篇文章介绍，美国的考古勘探大体有三种方法：coring，augering，drilling，这些方法都是从地质学家那里借鉴过来的。其中 coring 和我们的考古勘探十分相似，用的是一种空心圆筒状工具，提取土样并进行观察。这种工具的形态、操作方式、工作原理跟洛阳铲非常接近，不过文章中并没

② Stein, J. K.: Coring Archaeological Sites. *American Antiquity*, 1986, 51(3): 505-527.

有提到中国的洛阳铲，看起来似乎并不是从中国引进的技术。需要注意的是，这篇文章介绍的考古勘探并不是为了找墓葬，主要是为了辨识地层结构以提供年代信息。那么国外考古究竟怎么找墓葬呢？

先从题外说起，介绍一个特殊的人物。几乎所有介绍盎格鲁-撒克逊遗存考古的著作中都会提到 Revd Bryan Faussett。这个人是 18 世纪英国肯特郡的一位古物爱好者，10 岁时参加过一些当地墓冢的发掘(姑且称为发掘吧)，然后就产生了兴趣并自己组队干起来，对于盎格鲁-撒克逊墓葬的发现和研究有着重要贡献。这些其实并不是题外话，因为这位绅士同时还发明了一种工具叫 probe[1]，能够发现没有地面标志的埋藏于地下的墓葬——这才是我所关心的内容。

上一段引用的 Lucy 的著作中并未对他的这个发现作详细介绍，我在 1856 年出版的这个人的手稿中找到了相关内容[2]。这份手稿记录了他于 1757 年到 1773 年间在 Kent 县内几个地方发掘出土的文物以及发掘经过，类似现在的考古发掘日记。其中手稿 87~88 页记载了这个 probe 的发明经过，并提供了线图。大致是因为当时地表所有墓冢已经被挖掘完毕，正面临无墓可挖的情况，Revd 意识到地下可能还有很多本身没有墓冢或者墓冢已被毁坏的墓葬未被发现。于是他琢磨出一个工具来探索地下墓葬，然后这个工具很成功，找到了很多地表无任何标志的墓葬。

这个工具的形状如下图(手稿第 87 页)，总长 4 英尺(约 1.22 米)。它实际上就是一个探针，大概是根据土壤中是否有异物(骨骼、陶器等)来判断是否有墓葬。现在看来这个工具还是比较原始的，比洛阳铲落后多了。不过想到它发明于 1773 年，比洛阳铲还要早一百多年，也不得不让人佩服。我能查找到的资料中，这大概是欧洲人发明的最早探墓工具了。

在搜索相关信息的过程中，居然发现了好几个国外网站，上面有专门为寻找墓葬做的广告。比如 ehow 网站上有 How to Find

① Lucy, S.: *The Anglo-Saxon Way of Death: Burial Rites in Early England*. Sutton Pub Limited, 2000: 6

② Faussett, B., & Mayer, J.: *Inventorium Sepulchrale: An Account of Some Antiquities Dug up at Gilton, Kingston, Sibertswold, Barfriston, Beakesbourne, Chartham, and Crundale, in the county of Kent, from AD 1757 to AD 1773*. subscribers only [T. Richards], 1856.

1773 年发明的探墓工具 probe（Faussett & Mayer，1856：87）

① http：//www.ehow.com/how_
8639601_unmarked-graves.html.

② http：//www.savinggraves.net/
index.php/32-educational-resources/
locating-cemeteries-and-gravesites/
58-locating-unmarked-graves-by-
probing.

③ http：//archaeology.uiowa.
edu/file/729/download?token=
vFVr5TuP.

Unmarked Graves（如何寻找无标记墓葬）①，方法有 probe（探针法）和 soil coring（土壤钻探法）。还有一个网站名叫 saving graves，也详细且系统地介绍了如何用探针法寻找地表没有标记的墓葬（locating unmarked graves by probing ②）。这里不仅介绍了最佳探针尺寸，还推荐使用可替换的钢制探头，因为探头损耗很快。甚至连如何布设探孔也有介绍：基督教徒墓葬一般东西向，所以探孔行向最好是南北向。如果遇到松软土质，必然有异常——圆形或者椭圆形一般可能为树坑或者鼠洞，东西向长方形基本可确定为墓葬。这些找墓方法一般和考古无关，多是为了帮人们寻找失去具体方位的家族葬，或者是墓地管理部门为了进行迁葬和重新规划而确认地下墓葬的位置。这些都是合法的行为，各网站也都强调勘探之前要获得墓地管理部门的许可。

考古专家也会为墓葬勘探提供指导。例如爱荷华大学的 William E. Whittaker 博士专门编写了 Locating Unmarked Cemetery Burials（无标记墓葬定位技术指导）③，免费提供给公众下载。其中提到的方法如探针法（或探杆法）、探铲法（soil coring）、发掘法、探地雷达法（GPR）、电阻法、磁场法、磁力法等考古同行都不会陌生。但是最后一种叫 grave dowsing（卜杖法）的方法确实未曾听说，也十分有趣，在此专门做一下介绍。

Dowse 本意是指用占卜杖探测矿藏或水源，在美国中西部地区这方法也被称为巫术或者占卜。探测过程中，探测者两手各持一根 L 形铜线或者铜杆的短部，长部伸向前——他们认为这两根铜杆会在墓葬上方交叉。这个方法的来源也相当诡异：在英国和德国有一个古老的传说，柳树或者榛树的枝条有一种天然的无法控制的向水性，因此它们总是指向地下水源。到了美国这个传说有了些演变：柳树枝换成了铜杆，人们不仅用这种方法来找水源，也用来找墓。支持者认为这两根铜杆在男性墓葬上方会碰到一起，在女性墓葬上方则分开。这看起来似乎和磁场之类有关，但是实际上是完全不合逻辑的。

William 在这篇文章里对上述每一种找墓方法的优点和缺点都做了详细的分析。对于 dowsing 这种方法，他是这样评价的：优点——无；缺点——这种方法可能让操作者个人或者其所在机构承担法律或者财务风险(寻找墓葬往往都牵涉法律和财产问题)，同时还会使自己蒙羞。他对于 dowsing 这种墓葬勘探方法的质疑公开之后，很多声称亲自实践过或者见证过此方法的人联系 William，对他的质疑表示不服。这些人认为，dowsing 曾被多次成功实践，显然比那些既昂贵又不一定有用的地质探测法有效。有意思的是 William 又就此专门写了一篇文章(Grave Dowsing Reconsidered)，回应这些质疑声音，并对这种方法再次进行讨论。①

William 的第二篇文章列举了多个案例，这些案例中考古学家用科学手段来验证占卜者探出的墓地。结果是这些"墓地"中并未发现一例墓葬，反而是在几个占卜者声称没有墓葬的地方发现了墓葬。其中在 Madison County Farm 这个地方，当占卜者听说考古学家在他认为有墓葬的地方并没有发现任何相关遗存时，他们居然认为是考古学家偷走了骨头(尽管他见证了全部探测过程)。这种方法的不靠谱是显而易见的，然而考古学家的态度十分认真(也十分可爱)，继续对这个方法进行了测试——为什么铜杆在占卜墓地的过程中会交叉？经过在家里用两根晾衣架做成 L 形的探测杖进行试

① http://archaeology.uiowa.edu/file/726/download? token = r9AQ3cy3.

验，William 发现两根铜杆在手中很不稳定，经常晃动且并无规律。他得出结论说铜杆交叉往往是因为探测者自己发现了什么有趣的东西，这是一种 subconscious ideomotor effect（潜意识观念运动作用），即身体在没有察觉情况下发生运动。后面他又对各种可能性，比如这种交叉是否与土壤扰动有关、是否与磁场有关、是否受人骨或者棺木的影响，等等，一一进行了反驳。他的这种认真态度很让人佩服，不过由此也可见 dowsing 这种找墓方法在美国民间还是有一定市场的。

Dowsing 这种看起来神神秘秘的找墓方法，颇有点像中国的寻龙点穴，即看风水找墓葬。上本科时，有老师专门讲过中国古代的风水，当然不是要我们信风水——风水实际就是古人选择居墓地所依据的环境原理。明白了这个原理，就能够判断出墓地经常出现在什么地方。相比之下，寻龙点穴比 dowsing 要更加可靠，因为它掌握了古代人选择墓地所遵循的一些规律。当然寻龙点穴这种东西对考古实际上没有多大用途，因为我们只有在很少的情况下，如配合基本工程建设进行调查等，才会去主动找墓葬。真正的考古工作中，勘探墓葬和遗址还是洛阳铲使用比较普遍，也比较可靠。

William E. Whittaker 的第一篇文章比较全面地介绍了现在国外用来寻找墓葬的方法，也是考古工作者们常用的方法。有一个英文学术期刊 *Archaeological Prospection*，专门介绍各种科技手段在考古遗存勘探中的运用。有些科技勘探方法我们都曾听说过，比如 GPR、电磁法、电阻法等，但是实际在中国考古中运用并不多。中国电子科技大学（成都）的专家们曾经用四种无损探测方法（高密度电阻法、激电法、探地雷达、多频电磁法）对金沙遗址进行了勘探，据说有一定效果[1]，但是在国内考古界未见很大反响。我也看过一些国外对这些方法的运用案例，他们面对的遗址都有一个共性：埋藏相对单一，往往只有一个时期的简单堆积。但是除非事先对探测目标的性质有所了解（墓葬还是居住址、墓葬是砖石还是土坑、建筑是夯土还是石头等），否则对探测数据的解读是很困难的——探

[1] Zheng, W., Li, X., Lam, N., Wang, X., Liu, S., Yu, X., ... & Yao, J.: Applications of Integrated Geophysical Method in Archaeological Surveys of the Ancient Shu Ruins. *Journal of Archaeological Science*, 2013, 40 (1): 166-175.

测数据能够反映地下埋藏的异常，但是不能说明其性质。相比之下，中国的历史悠久，很多地方数千年遗存上下叠压，房址、灰坑、墓葬相互叠压打破的现象十分常见。这种情况下，上述各种探测方法出来的结果肯定是一片混乱，无法解读。相比之下，洛阳铲提取的土壤样本能够很直观地反映出地下遗存的性质，不仅直观更快捷，同时更节省资金。

* 本文部分内容发表于《大众考古》2017 年第 3 期。

做助教，教考古 *

北美的大学里会给学生提供很多助教岗位，一方面是为了给任课老师减轻负担，另一方面也是为了锻炼学生的能力。对于经济比较窘迫的文科学生来说，做助教也能够获得一份不错的收入。这里说的助教是 Teaching Assistant，简称 TA，或可译为教授助理，与我们一般说的大学里的助教（Assistant Professor，助理教授）是不一样的。TA 一般分两种：grader 或者 marker 属于一种类型，主要帮老师批改作业或者改试卷；lab instructor 是另一种，主要讲实验课，具体实验课的形式也因专业而异。

人类学系的 TA 岗位一般都是优先给没有其他外部奖学金的学生，算是系里给这些学生的一种资助方式，因此一般都是系里分配而不是公开申请。2013 年大概是因为人手紧张，系里在网上通知大家申请岗位，可以自己选择有意向的课程，然后系里根据各申请人的情况最后决定。这对我来说是个好消息，于是我赶紧申请了 ANTHRO 206，这门课叫 Introduction to Archaeology，即考古学入门或者考古学通论，给本科二年级以上学生开的。大概是因为我有考古的背景，最后系里居然给了我这个岗位，于是有机会亲身体验了落基山下的考古教学。

（一）助教的工作

之前问过其他做过 TA 的同学（包括人类学系和工程系的），他们都说是做 marker，主要批讲作业和试卷。我想这个应该还能应付得来，毕竟雅思阅读理解差点得了满分的，这也是我有勇气申请的

人类学系博物馆门口的恶搞人类进化图

原因。2013 年 8 月初，ANTHRO 206 任课老师 Robert 召见我和另外一个 TA（加拿大人 Aaron）谈助教工作的内容。这次见面之后我才明白，原来我们的任务是做 lab instructor，就是讲实验课。出了老师办公室门之后我有点头晕——虽然已经来了一年，我对这门课给本科生讲什么、学生脾气怎么样都一无所知。最担心的是自己这英语水平，和讲课的水平差太远，万一被轰下台来那可就尴尬了！

我的担心不是没有道理。Robert 特意告诫我们说，不要给学生留私人电话，所有事情邮件联系。如果有学生因为分数什么的威胁你或者骚扰你（他专门强调说这样的事情是有的），直接把邮件转发给系主任，你不要过多纠缠。也就是说，外国的学生并不是想象中那么守规则，也会有捣蛋者并且很麻烦。这点让我尤其担心，就目前的语言水平，遇到别人吵架找麻烦是完全没招的。

接下来到开学前的一个多月，我整个人都觉得心虚得厉害。但是此时如果找到系里说退出，估计会更丢人。Robert 说实验课讲什么，怎么讲，让我们参考以前 TA 的资料，他不会干涉，也不会去旁听。一直到最后拿到历年 TA 的讲课材料，我才稍微缓了口气。看了他们的内容，我觉得自己应该能够应付过来。

按照系里的传统，这门课的实验课一共五次，分别讲石器、地图、地质学基础、动物考古、陶器。之所以说成实验课，是因为这些课都是要在考古实验室上，需要结合真正的材料来讲，要让学生亲手接触相关考古材料并对它们有直观的认识。至于内容其实并不复杂。石器部分讲石器的种类、制作方法、功能等；地图部分讲指北针、坐标、比例尺、图例等最基础的地图常识和一些考古调查方法；地质学基础介绍地貌分类、地层成因、层位学、叠压打破关系等；动物考古介绍动物种类、骨骼发育特点、基础术语、研究方法等；陶器介绍陶器分类、制作过程、纹饰装饰分类、研究方法等。总之都是很基础的内容，很难想象这是给大二大三学生讲的内容，尤其是地图常识似乎我们初中都学得差不多了（他们在大学之前是完全没有这类课的）。这种时间安排也决定了课程内容的基础性，比如一节课 45 分钟的时间要对完全没有任何经验的学生讲地图以及在考古中的运用，也只能局限于认地图的水平了。

我跟 Aaron 商量将任务分开，一人讲三个内容，另一人讲两个并且批改期末考试试卷。考虑到语言上的弱势，我选了两个最熟悉的内容：陶器和地质学基础，然后批改试卷。那些动物、石器、地图类的英文专业术语我实在不熟悉（GRE 翻烂也没用）。参考了之前的资料，结合以前的工作经历，备课倒是不难，我还夹杂了不少私货。比如讲地层时放上几张原来工地上的剖面图，至少土色的差别让大家一眼都能看出来叠压打破是怎么回事。这样的材料北美考古中是很难遇到的，之前 TA 演示的剖面图都是自己想着画的线图。在讲陶器时再加上兵马俑、仰韶彩陶、钧瓷等和课程内容相关并具

另一门课的实验——用石器在鸵鸟蛋壳上钻孔

有中国风的材料，一下子就让他们眼前一亮。任课老师对此放得开，TA 们也是各自使出浑身解数使课程有特点——之前有个女生在讲陶器时就头来了彩色黏土让大家试试陶器制作的各种方法，跟幼儿园做手工一样。

关键还是要动口去讲。45 分钟的内容 30 张 PPT 足够了，我把讲课的内容跟台词一样写了下来，包括如何打招呼、如何结束等。台词练习了十来遍之后，可以很轻松地以一个正常的速度在 40 分钟左右完成内容，这时才有点自信了。这门课共计 66 个本科生，为了保证实验课的质量，一堂实验课只有 11 个学生。也就是说一次实验课要讲 6 次(周四周五各三次)，换句话说就是一个内容在两天内重复讲 6 次——我有点明白为什么这活要找学生干了。如果说讲第一遍还有点紧张的话，到了第三遍以后就完全应付自如了，只是讲得实在有点累。连续三节课讲下来人都跟虚脱了一样。这个时候才觉得那些一上讲台洋洋洒洒讲两三个小时的人是多么的不容易。

讲课中倒还没有遇到特别的问题，学生偶尔会因为一个词听不明白(口音问题)而提问。至于专业问题很少有人问，可能都是第一次接触的原因。课后也不用担心他们问问题，都是飞奔着去赶下一堂课。TA 和任课老师每周必须有固定的 office hour，就是坐在办公室专门为学生解答问题。当然学生一般也就是在考试前后来得多，大部分时间我们都是坐在办公室瞎等。千万不能说因为没人就脱岗，万一有学生在这时间内来而你不在的话（又没有提前通知），这就是大麻烦了，可能相当于国内的教学事故吧。

布置和批改作业、出题和批改试卷也是我们这门课 TA 的工作内容，这些专门在下一个内容介绍。

(二)作业与考试

第一年的上课经历，让我对这里的作业与考试有了深刻且痛苦的认识。

微博上有人说了一个段子：北美老师从来不以考试分数衡量学生，因为除了考试(exam)之外还有 paper、essay、quiz、midterm、presentation、assignment、project、report、final 等。这其实并不是笑话，可能中国学生看起来有点不解，这实际上就是北美教学的真实情况。考试并不是衡量的唯一标准，因为基本上每次课后都会有作业，作业是要评分并且最后按比例计入总成绩的。作业的形式根据学科内容而定，有做题的，有做小组讨论并准备下次课发言的，有准备小演讲的，也有写短文章或者小报告，或者是准备下一次随堂小测试，等等。因为每次的作业都要打分并且按比例计入总分，学生根本不可能说下了课就把这门课扔到脑后。考试还不止一场，一般至少有期中(midterm)和期末(final)两次考试，一门课两次期中考试也是很常见的。

具体拿我们讲的这门 ANTHRO 206 来说，老师讲的内容没有作业，但是期中和期末考试各占总分 30%。实验课每次布置作业，五次作业占 20%的总分(每次 4%)，实验考试(lab exam)占 20%。通过这个比例分配可以很清楚地看到，指望凭某一两次考试突击过关是很不现实的：分数真的是一点点攒起来的。如果大考试很差，及

课程考试形式之一——做板报展示

格都危险；如果两三次作业没做好，基本上与 A 也就无缘了；如果
再松懈一点混到及格但是 B 以下，基本上可以把你所有绩点(GPA)
拉下一大截子，以后与奖学金什么的都无缘了。我自己看完课程安
排之后都惊出一身冷汗——这节奏，我们的高中也没有这么紧张过
吧。这样做的好处是老师基本上不点名，学生也很少有翘课的，必
须张着耳朵仔细听每一点内容，每一次作业和考试的成绩都关系到
最后的总成绩。

我住的学校宿舍楼，是本科生研究生混住的。经常可以在图书
馆里和宿舍楼外面的走廊里(都有桌椅)见到一群群的学生挑灯夜
战。有人甚至还提着枕头毯子在图书馆过夜——这不只是为了准备
某一次大考，也有可能是为了某一次作业。按照这个作业量，一个
人一学期大概最多也就上四门课左右，有五门估计就吃不消了(期
中期末考试一般都会在相似的时间，可能还会冲突)。我自己的经
历，第一学期老师给安排了三门课，我看着觉得这太少了吧，尽量
要多上一些课才好。老师微笑着说，按照我们的经验，一学期三门

课就差不多了。后来我才深刻体会到她的意思：光一门课就有 10 次作业(读后感)、1 次演讲和 1 篇文章的任务，更不用说其他课的期中期末考试以及作业了。最初时一个晚上勉强能看完一两篇文章，读后感写完一个星期就过去一半了，这个时候才感觉到自己的 naive 并庆幸当时没有坚持自己的意见再加一门课。

这样的高压状态，对于国内经历过高中和高考的本科生来说，应付起来还是很从容的。我认识这样一个本科小伙，他就是觉得忙，倒没有觉得多难。但是很大一批本科留学生都是从国际学校出来的，他们在国际学校的教育大概是以语言为主，并没有普通高中那么大压力。这些年轻人到了国外大学很多就蒙圈了——每学期到期末的时候都会有人在微博上问，说我 GPA 又跌破线了快被劝退

图书馆内准备考试的学生

了怎么办，或者是我抄了个作业被发现了怎么办，要不就是没好好学怎么找医生开个证明逃掉考试之类的(无故缺考记零分，有医生证明可以推迟考试)。认识一个帮助学生办转学的中介机构，他们介绍说每学年结束学校都会因成绩问题开除一批学生，中国学生占大部分。当然中介机构会帮他们转到本市另一个稍微差一点的学校，过一两年再转回来，中间怎么办到的我就不知道了。不过看起来在这里转学倒不是很难的事。

再说回到这门考古课，我实在想不出课后能布置些什么作业。看了之前的材料，也大概有了点认识，作业的内容确实出人意料的简单。比如画个地图给个比例尺让你算算图上几个遗址之间的距离，或者列出几种常见的石器制作方法，画个表列出不同时期陶片颜色、工艺特征，然后描述其时代变化特征，等等。在我看来大概我们的小学生都能很轻松地应付，但是实际情况却不乐观。学生给出的答案经常会让人大跌眼镜。

记得有一次作业是这样的。给一个带比例的剖面图，告诉了当地地层堆积形成的大概速度，然后让学生算一下图中一件化石距今年代(测量埋藏深度，根据堆积形成速度来计算)。这就是一个简单的除法，然而六十多个人居然三分之二都错了，除了完全不会的之外还有算错的。另一个题是给出了遗址上出土各种动物骨骼的数量，要算出可辨标本数(就是一个总和，简单的加法)，很多人在试卷上列竖式算两位数的加法居然还算错。

实验考试分成两部分：笔试和操作。笔试的内容跟平时作业差不多，个别题目会绕一下弯把几个内容(地层、陶器、动物等)串在一起。操作部分是我印象最深刻的，叫 bell ringer，就是限时答题。长方形桌子周围摆了 11 个 station(考点)，每个 station 算是一题：有看陶片认纹饰或装饰方法(釉陶、磨光或者素面等)，有看地图计算遗址距离，也有根据图片辨认地貌类型等。每个学生占一个 station，考试开始之后每 90 秒之后顺时针移到下一个 station，一直到每个学生都做完 11 个题目。TA 就站在旁边掐表，到时间喊

实践课考试准备的材料

next station，跟敲钟一样，大概就是这种考试形式叫 bell ringer 的来历吧。

我自己第一学期上人骨基础时经历的那种 bell ringer 考试可以称得上是刻骨铭心的。25 个 station，每处放几块骨骼，让你辨别部位或者左右，要不就是写出上面某一个标着记号的部位的名称，90 秒一站。本来是第一次接触骨骼知识，而且还是英文的，各种骨骼部位的名称我都要在脑子里转十几秒才能大概想起来，等拼写出来就差不多半分钟了。有时候稍微卡一下壳时间就到了，就得移到下一站，上一题就只能空着。第一次考试好像全班平均 80 分，而我是 70 分——相当于学生生涯的第一次滑铁卢，让我一学期都有些抬不起头(尽管可能人家并没有注意到我是最低分)。

我们自己出题自己改试卷，任课老师 Robert 问了下作业和考试分数情况。他说我们不能给学生太高的分数，否则他就不好控制最后的总成绩。如果一个班成绩都是 80 分以上，系里可能就会怀疑并进行调查，因为这是不正常现象。他们认为正常的成绩就是一个正态分布，高分低分都很少，大部分是中间水平。最后成绩的 ABCD 也不是完全按照分数来，而是根据分数的分布情况。如果大部分 80 分以上，那可能就是 95 分以上才算 A，而 70 就可能不及格。最后我们实验课总成绩平均 70 分，还有几个不及格，当然也有几个 90 多分的。我和 Aaron 都觉得这会不会太低了，Robert 说，很好。

改完试卷，分数录入网络系统，试卷就发还给学生了，学校一点都不留。老师发试卷的时候也很有意思，给每个人都是反着放在桌面上，大概是为了避免互相之间看到分数。最后给学生把试卷上的一些问题讲讲(其实这个时候很多人已经不来了)，一学期 TA 的工作就结束了。2013 年秋季学期是学院第一次对讲课的 TA 进行评估打分，跟学生评主讲老师一样非常正式。最后一次课前，拿出密封的测评表，交给课堂上一个志愿者，然后 TA 或老师回避，等学生打完分密封好，最后由志愿者负责交到系里。评估的内容大约有十几项，包括课程评估(课程的价值、设计、内容等)和授课者评估(课前准备、课上表现、课后辅导、对学生态度、表达能力等)，每项五个档次，从 strongly agree (5 分) 到 strongly disagree (1 分)。TA 结束后两个星期左右，系里将评估结果发给各人。学生对我整体都是 4 分或者 5 分的评价，表达能力一项各有两个学生打了 1 分和 2 分——这是意料之中的事，毕竟语言还是弱势，没有在课堂上遇到难堪我已经觉得很幸运了。

(三)考古教学

ANTHRO 206 这门课主讲是系里的动物考古专家 Robert，四十多岁的美国男士，很豪爽。因为想要了解一下他们的考古通识课究竟教什么，所以他的每堂课我都和本科生坐一起听。天天挤后排的几个学生刚开始看到我很紧张(因为我也算是老师之一)，后来慢慢也就熟了。

首先，这种基础课都是有指定教材的。老师不一定按照教材讲，但是会指定让你去阅读某一部分。教材在学校书店有售，书店是根据老师的要求购书并按照课程编号摆放。书很贵，但是没有可下载的电子版，也不允许复印。版权问题很敏感，这点跟国内是有很大差别的。学校每台自助复印机扫描仪上方都贴着醒目的警告：复印一本书的内容不得超过 10%，否则就是违法。虽然没人监管，大家也都很自觉(复印扫描确实也不便宜)。Robert 自己有 PDF 版的教材，我表示自己要去买一本教材时他说可以给我用，因为我也算是 instructor，不需要自己去花钱。

第一节课一般都是开场白一样。Robert 先大概讲一下课程大纲(syllabus)，尤其强调考勤、考试、作业的要求。大概都是按照学校的规定照本宣科，但是这是必须要的程序。基本上每个学生通过 syllabus 都会知道这学期每节课都讲什么内容。令我印象深刻的一点是，一学期中哪天老师要去开会不能上课，syllabus 也会说得很清楚——这体现出了很强的计划性(国外的学术会议一般都会提前大半年订好各种细节)，并不是说哪天老师临时有事说不来就不来了。

Robert 是一个很有特点的老师。讲完 syllabus 之后，他开始介绍自己的经历和研究内容。居然是高中之后在屠宰场干过，后来又去上的大学学动物考古，这也算是没跨行了。学生们包括我都有些吃惊。随后他讲到自己在贝加尔湖地区做民俗考古，跟当地人学习

Robert 老师课上展示的捕猎海豹情景（Robert 老师提供）

捕海豹。照片上猎人趴在冰上，猎枪架在一个白色的架子掩体上，猎人推着掩体慢慢地爬行靠近在远处冰上睡觉的海豹。海豹很敏锐，但是从它们那一方看到的是一片雪白，没有任何异常，即便是醒着的也不会注意到白色冰雪上有危险在慢慢靠近。这些材料在他公开的研究项目进展中有介绍[1]，他关于贝加尔湖地区捕猎海豹的历史研究也已经发表[2]。当地人捕到海豹之后会举行宴会，并且给贵客献上海豹身上最厚的脂肪（生吃）。因为他是外国人，就被当地人奉为上客，然后就有幸得到这样一块海豹脂肪（可能是我们说的板油？）。饶是他曾经在屠宰场工作过，也没有胆量生嚼那块厚厚的脂肪。旁边有人似乎看出他的尴尬，告诉他只需示意一下就好，并不用完全生吞，这才让他松了口气。这些经历和那捕猎海豹、篝火宴会的照片在几十个刚接触考古的学生眼里，完全就是现实版的印第安纳琼斯！于是 Robert 成功地吸引住了这群学生。

这门课一学期共 22 节课，大概的内容是这些：考古学简史、基础理论、遗址的形成、田野技术与方法、断代技术与方法、生计

[1] http://arcticdomus.org/documents/2nd_Project_meeting_Work_summaries/Losey_Work_Update.pdf.
[2] Nomokonova, T., Losey, R. J., Ol'ga, I. G., Novikov, A. G., & Weber, A. W.: A 9,000 Year History of Seal Hunting on Lake Baikal, Siberia: The Zooarchaeology of Sagan-Zaba II. *PLOS ONE*, 2015, 10(5): e0128314.

模式与饮食、人骨遗存研究、社会结构、认知考古学、考古材料的解读、伦理与政策法规。除了个别内容会分两节课讲之外，一般每节课都只讲一个内容。这些内容几乎涵盖了考古学的所有基础内容，并且加上了现在最受关注的专题(同位素、断代等问题)，信息量相当得大，老师讲的内容基本上就是点到为止。如果老师需要学生对相关的内容做深入了解，他会指出参考文献，比如教材多少页、哪几篇文章等。涉及具体材料的，比如地图、陶器等，就由我们助教在实验课上讲了。

总体而言，这门课相当于头脑风暴一样，基本上都是信息的轰炸：从柴尔德到宾福德、伦福儒，从古埃及的太阳船到中国的兵马俑，从稳定同位素研究到放射性碳十四测年，等等。在这个阶段并不太需要学生对某一个内容有太多的了解，只需要学生听说过或者知道有这么一个概念或者方法。从课程的考试形式也可见一斑：期中和期末考试各 100 个选择题，单选多选都有。这显然考的就是记忆。

考古学通论就这样讲完了，由于历史背景的差异，他们也不可能有我们那样系统的分段考古学通论课程。至于更高阶段的考古学习，就是分专业方向了。系主任讲旧石器和古人类考古，Robert 讲动物考古，我导师 Sandra 讲人骨研究，Jack 讲阿尔伯塔省考古，Kisha 讲考古地理信息系统。每个人另外都会根据自己的研究方向再开若干专题，这些课都是大四学生或者研究生上的。看起来这些课程内容跟我们中国的考古课程差别很大，这跟北美的学科划分特点有关。

北美大学的考古专业一般都是划分在人类学系下面，这是一个很悠久的传统，与欧洲一般将考古划归到历史学科截然不同。也有个别学校会单设考古系(比如南部的卡尔加里大学等)或者是把考古归到 science 学科，当然是少数。这样的划分现在仍然存在争议，很多时候我们考古与同一个系里语言人类学、宗教人类学等方向的老师和学生几乎没有交集，划分在一个系似乎只是遵循传统而已。

我所在学校还有另一支研究考古的队伍，在历史和古典学系（Department of History and Classics），他们研究的内容就和我们传统意义上的考古比较相似，包括文字、艺术、建筑、器物，等等。两个系的学生和老师也经常会有一些交流合作，这两个队伍如果合在一起的话应该还是很强大的。UA 的考古专业是全校为数不多的排进全球前 50 的专业之一，这让文学院脸上大有光彩，当然是人类学和历史学两个系师生共同努力的结果。

我曾经跟在国内大学任教的几个朋友谈起过这边的教学方式，主要是考核方式。国内大学老师目前所面临的矛盾有很多人讨论过，一方面老师想教好，想严格；另一方面很多学生只是为了应付，为了及格毕业。老师太严格往往还会导致学生的反感，所以很多人就选择了隐忍退让的方式，大概也是为什么大学教育质量一直为人诟病的原因之一吧。我很欣赏这边的考核方式，虽然自己也曾经深受其苦。这种方式避免了过分依赖某一次考试而导致的国内大学常见的"平时不烧香，临时抱佛脚"的情况。平时是否认真学习，通过各种作业和考试成绩一目了然。这也避免了有学生会抱怨自己平时一直很努力最后成绩不好，因此怀疑老师不公。当然，也许找老师求情修改一两次分数是可能的，但是这对总成绩影响并不大——总不能每次都去找老师求情吧。

大学任教的朋友说，这样做最直接的影响就是极大增加了老师的负担，现在老师的教学科研负担已经够重了。这也是实情，按照我们上课这个班的人数和作业量，如果让一个老师承担，恐怕一个学期基本上除了上课什么都不用做了。我当年在武汉大学上研究生时，学校也给研究生提供一些岗位，不过都是行政助理岗位，在各种办公室整理文件等，这点倒是与国外区别很大。也有老师让博士生给本科生讲课的，但是那基本上都是代替了老师的角色，跟我所看到的这种助教性质不一样。不知道国内大学将来是否也能够实施这种助教机制，对学生和老师应该都有益处。

最后一点，类似这种考古学入门的基础课是系里老师轮流讲的，每人讲一个学期。由于每个人的研究领域和教育背景有差别，各人讲课的特点和重点应该也是有区别的。他们不会拿着别人的课件来照本宣科——这也是一种学术不端。每个老师的最后一堂课都是讲 Ethics and Policy，也就是伦理与政策法规，这大概又是一个国内外考古教学的区别。

（四）这里的学生

因为 Robert 在开课前有过警告，我从上课开始就对学生十分小心，生怕遇到什么问题。

除了提醒我们不要给学生留下个人电话防止骚扰之外，Robert 还说传到网上给学生共享的讲稿和 PPT 都要转成 PDF 格式。因为原来他曾经将 PPT 原格式贴到网上，有学生考试不好拿着打印的材料来找他对质。说你看你的讲稿上就是这么讲的，我这么答为什么会错。Robert 当时一看那学生手里的讲稿就发现相关内容是被改动了的，他的原稿并不是这样。如果转成了 PDF 就没有改动的机会了，也会少很多麻烦。

我跟导师说起这事，她说她曾经遇到一个学生更令人意外。这个学生直接到办公室找她说，你发在网上的 PDF 格式讲稿我不喜欢，我要求一份原来的 PPT 格式的。我导师说她当时完全是愣了十几秒才明白怎么回事，最后很坚决地告诉那个学生不行。因为讲稿是她自己的成果，她有发布和怎么发布的权力。不得不说这个回应真是干脆。导师说现在的学生很让她意外，非常明显的自我主义（egocentric），跟她那个时候（她是 60 年代人）差别太大。学生日益突出的自我主义，这点倒是跟国内有相似之处。我要是遇到了相关的麻烦，能解决么？

一个班 66 个学生，居然只有 12 个男生。学生几乎全部是白人，极少几个东南亚裔的，另有一个华裔（7 岁移民到加拿大）和两个韩裔学生。这点倒是让工程系的同学很意外：他做 TA 的班上一半左右都是中国人，然后是巴基斯坦或者印度学生，白人极少。

　　遇到的第一个挑战是点名。虽然说有那么多考试和作业压着不需要查考勤，Aaron 说人比较少，课前点名有助于熟悉学生。我跟着 Aaron 听了一遍他点名之后我就放弃了，好多名字我根本不知道怎么去读。比如 Ghazniwal，Laframboise，Zelazny，Hekmatullah，等等，很多看起来很长的名字 Aaron 都读的是他们所习惯的简称，如 Jennifer 读成 Jen 等。读错了人家的名字不仅仅是可能让人笑话，万一引起什么误会呢？班上虽然绝大部分都是白人，但看起来文化背景还是挺复杂的，不能不注意一点。还有更头疼的是，即使点名了我也记不住人，对外国人有脸盲症。最后我就放弃了，然后很坦白地告诉大家：你们有些名字我读不好，为了避免冒犯，请大家自己到签到册上签名。这也是一种不得已的办法。

　　通过慢慢地观察发现，那两个韩裔学生是一对情侣，三个姓 Nguyen(后来查到这个姓应该是越南的阮姓)的东南亚裔学生居然是三兄妹。那个中国移民学生第一次作业就表现出了与其他学生不一样的水平，答题干净利落准确。其中考试 100 个选择题他答对了 95 个，当时全班同学都惊呆了(老师在课上公布了平均分和最高分，我看到了他的成绩)，旁边那个大个子白人学生直接说 crazy。韩裔的男生和女生都是学商科，表现也很不俗。这点可能跟文化背景有关。东亚移民的家庭，很多代都会保留传统的教育方式，学生压力比较大，在考试方面的表现经常会超出白人小孩一大截。

　　这种考核制度下说学生不在乎分数完全是骗人的。第一次作业是 Aaron 改的，下课是我发的作业。有个女生只得了 15 分(总分 30)，当时眼睛一红就要哭了。接下来就是加拿大的感恩节，姑娘哽咽着说这下过节都没心情了。我当时的语言水平根本不知道怎么去安慰她，最后只能说 It happens，这个只占 4%，不要太在意。另外一个女生因为一次作业上 2 分(总分 30)的问题去找 Aaron 说了好几次。30 分的作业里 2 分最后在总分里只有不到 0.03 分，我说不必太在意但是人家还是不干，一直纠缠到最后 Aaron 无奈地给她补上了 2 分。

我自己也遇到过这样的问题：陶器课作业有个女生把一个时代顺序排列完全弄颠倒，后来她找到我说能不能给一半的分（一题 6 分）。我要求按照从早到晚的顺序写，她是按从晚到早的顺序写，她认为自己看错题目了，但是理解正确。我一下子也没话可说，只能给了她 3 分。另一个女生在描述一种器物出现另一种器物消失时分别用了 fade in 和 fade out，我当时理所当然地想 fade 就是消退，怎么还 fade in？然后给人家判错，最后人家找上门来了才发现是自己犯了错误，当时怎么就不知道查一下辞典呢。我的态度都很温和，知错就改，人家倒也没怎么纠缠。让我惊讶的是，他们每次拿到作业或者试卷后都会一点点地核对答案检查分数——不是为了巩固知识，而是为了保证分数一点不错。

实验考试还是 6 场，周四三场周五三场。改完试卷之后明显感觉到越往后成绩越好——大家上课久了自然就熟悉了，先参加考试的给后面参加的透题一点不奇怪。那对韩裔情侣分别在周四或者周五考，东南亚裔的兄妹三人分别在不同时间考试，周四考试结束我出门就看着兄妹三坐一块讨论。这个我也不好说什么，这只能怪考试安排不合理。他们之所以这样选课可能是有计划的。后来坐后排的大个子生物系学生告诉我很多大三大四的学生都跑到文学院来选这种入门级别的课，就是为了凑学分毕业。大家都想着文学院的课肯定没有那么难（跟国内学生一个思路），也就是中国学生说的"水课"。没想到人类学系的老师都还挺认真的，上了三四节课之后就后悔了——但是这个时候已经过了退课期限，这个小伙子很后悔，也只能硬着头皮上完了。

严格来说，这些学生上实验课都很认真，可能是那些考古遗物吸引了他们。我也并没有遇到传说中特别捣蛋的学生。那几个红头发女生，看起来就有点很社会的感觉，我一直觉得可能也是混学分的，结果人家考试成绩都很好——看来自己的这种印象是完全错误的。最后发实验课试卷时，还有个女生给我和 Aaron 各送了一张卡片表示感谢。加拿大人到现在还保持着互赠卡片以示问候或者感谢的习俗，超市里各种类型的卡片也有几十类，没想到在发达的资本主义国家还保持着这种比较淳朴的习惯。我们大概只是在 90 年代流行过互赠贺卡。后来在地铁上和学校里还经常能碰到这个班的学生，但是很少打招呼——毕竟相处时间有限，我对他们脸盲，他们对中国人也一样。

实验室里做考古

按照我的个人理解，历史系的考古研究比较偏向于古代器物、建筑、文字、艺术等比较直观的历史遗存，人类学系的考古则注重从骨骼、植物、土壤、岩石等以往被忽略的材料中获取新的信息，当然两者经常是会交叉合作的。相比之下，人类学系的考古更依赖于各种新的技术手段和实验室工作，也就是国内统称的科技考古。这种依赖于实验室的考古并不同于国内这几年兴起的实验室考古——现在国内的实验室考古主要是将一些特殊的、重要的、野外难以处理的遗存移到室内处理，以保证文物的安全和信息的完全提取，个人认为可能叫室内考古会更科学一些。

人类学系每个老师都有自己的实验室，比如动物实验室、GIS实验室等。我的导师原来也有一个自己的实验室，就在人类学系底楼。后来因为学校对实验室环境条件要求提高，人类学系所在的楼不具备相应的通风通水和安全设施，所以就搬到了学校的专门实验楼 CAB(Central Academic Building)。我也有幸在这个楼上开始了自己的实验室经历，并且见识了这边的实验条件和管理体系。

(一)实验安全培训

学校对实验室的管理不是用严格可以描述的，各种规则制度繁琐到让人抓狂。进实验室正式工作之前必须要进行各种培训和考试，包括网络课程和现场培训。根据我们实验的性质，我需要通过WHIMS（Workplace Hazardous Materials Information System，即工作场所危险物质信息系统）、lab safety（实验室安全）、biosafety（生物安全)这三种培训并获得证书，另外还要参加灭火器培训。前面三个培训都不难，都是网上进行，主要是各种生物化学安全常识。灭火器培训是现场动手，不过不是真火，是用电子感应灭火器对着一个电子屏幕灭上面的火。这个灭火器除了不是喷出真的干粉灭火剂之外，尺寸和操作方式跟真的一样。进实验室之前总共考了四个证，虽然不会有人在实验室门口检查，只是学校会随机巡查，如果万一被查到无证上岗的话，学生和导师都有麻烦。

安全是所有实验前培训的主题。WHIMS 考试最后一题是让你写出你所工作实验室的 spill kit（化学品泄漏处理桶）所在的具体位置及里面的东西。这个泄漏处理桶基本上是每个涉及化学药品的实验室必备工具，其实也就是一个塑料桶用醒目的大字标着"spill kit"，里面装着抹布毛巾(吸收泄漏品)、塑料袋(装用过的抹布毛巾)、漂白剂(清洗被污染的地方)。写出这个东西之后要上传网络然后经有关部门人工审核之后才给你通过并发证，目的是要保证你确实知道最基础的安全常识和安全设备。曾经听到国内一个专家在讲座上将 spill kit 解释为垃圾桶，让我很吃惊。化学实验楼走廊里隔几步就有一个淋浴喷头，最开始我很天真地想难道谁还在这洗澡么。导师告诉我这也是安全设备之一，万一有人着火了或者身上溅到化学品，可以随时出来冲洗(不知道是否有人真的用过)。这个设备上还有专门冲洗眼睛的装置。文科生首次见到这些确实感觉新奇，还是希望自己不要用到的好。

进了实验室之后首先是导师亲自讲解各种设备的使用及安全须知。我们的实验难度相当于高中化学实验吧，用的药水也就是稀释的盐酸和碱溶液，并没有易燃易爆的东西，更谈不上生化危险。导师还是要求一定要穿实验服、戴手套、戴护目镜，身上的尖锐物品如戒指、项链、手表等一定要取下来。实验室进门就贴着一张须知，要求必须穿戴这些安全护具，学校会不定时抽查。印象很深的一件事是同时进实验室的美国女生 Lacey 问老师 sharps 怎么处理。我当时一愣，sharps 是什么东西？后来才知道她说的是尖锐废弃物，比如破碎的玻璃器，针头刀片之类的，原来这种东西还是需要特殊处理的。老师说每个实验室自己找一个盒子或者桶，上面也是很醒目地标明 sharps，这样处理垃圾的人就会注意，不至于造成伤害。头几天实验过程中，老师要求每一小时给她电话或者短信汇报一次，表示一切正常。后来时间长了，老师确定大家都掌握了相关技能，也就没有这样频繁汇报了。

我对于这种繁琐苛刻的安全管理很吃惊。问过化学系的同学，他说国内实验室虽然也有严格的制度，但是执行起来还是比较随意。这几年国内有大学实验室出过比较大的事故还造成了伤亡，不知道是否跟这有关。2015 年夏季，在院里的支持下我也有了自己的实验室。在这里经历的各种培训对我影响很大，任何时候我都很注意各种细节。不光是安全问题，我觉得也是个形象问题：毕竟是科学实验室，一定要遵从科学的规范。

(二) 实验室故事三则

1. Give you the chicken

导师给我们实验室钥匙时，说 give you the chicken (给你们一只鸡)，我和 Lacey 都是一头雾水。然后导师就讲了 chicken 的故事，并不算是笑话。原来人类学系的 13 楼和 14 楼有个公用的万能钥匙，可以打开所有公共场所比如实验室或会议室的门，需要时找管理员借用。钥匙比较小，大家借来借去经常弄丢造成麻烦。后来有人买了个很大的 rubber chicken (橡皮鸡) 挂在钥匙上，于是再也没丢过。鸡比钥匙醒目，后来大家借钥匙还钥匙时都直接说借鸡或者还鸡了。再后来每个老师都配了会议室或实验室的钥匙，鸡也不用了，但是这个语言习惯一直在人类学系传下来。当然只有资历比较老的老师和员工知道这个典故，新人们经常被前辈们说 I'll give you the chicken 这样的表达弄晕头。

2. 文科生在实验室遇到新情况

我和 Lacey 一起在实验室做实验，其中一个程序是用双重蒸馏水清洗用碱溶液处理过的样品。清洗完成的标准是溶液达到蒸馏水一样的 pH 值，这是需要不断用试纸测试的。碱溶液的 pH 值大于 7，我们理所当然地认为双重蒸馏水应该是最标准的中性，那么溶液的 pH 值达到 7 就算是完成了。清洗了几遍之后用试纸测试，发现 pH 值居然成了 5，明显偏酸性。这下子我们就有点疑惑了——怎么会洗成酸性了，难道是这双蒸水有问题？测了一下水，果然是 5，这是什么情况？

实验楼里的蒸馏水都是由一个总系统供应的，老师和实验员当时都联系不上，完全没有办法查找原因。我突然想到了化学系的中国同学吕磊，他女朋友也是学化学的，应该能帮忙解决这个问题。他们听说之后哈哈大笑，说蒸馏水本身就是偏酸性的。具体什么原理我这个文科生没听懂，反正说双蒸水 pH 值为 5 很正常。也就说我们洗到 pH 值为 5 就可以了，此时溶液已经和蒸馏水一样，里面的碱溶液已经完全洗干净。后来问了老师果然如此。

这个故事说明文科生进实验室有的时候真会遇到很多尴尬状况，为这个简单问题居然惊动了两个化学专业的博士生。这也说明多与不同专业的人交流，是很有益处的。

3. 动物考古实验课上的意外

第三个故事是和动物考古有关。在化学楼上我们没有专用实验室，而是好几个老师共用一个大的实验室，有人做同位素，有人做孢粉和植硅石，也有人做动物骨骼研究。

有一天我做完实验准备离开，研究动物考古的 Robert 老师进来了。他说准备下一节课在这里做动物切割实验，就是用打制的石器切割动物肉，然后显微镜下观察石器的磨损情况。我一听很有趣，问我能不能旁听，然后他同意了。实验用的石器是系主任的一个学

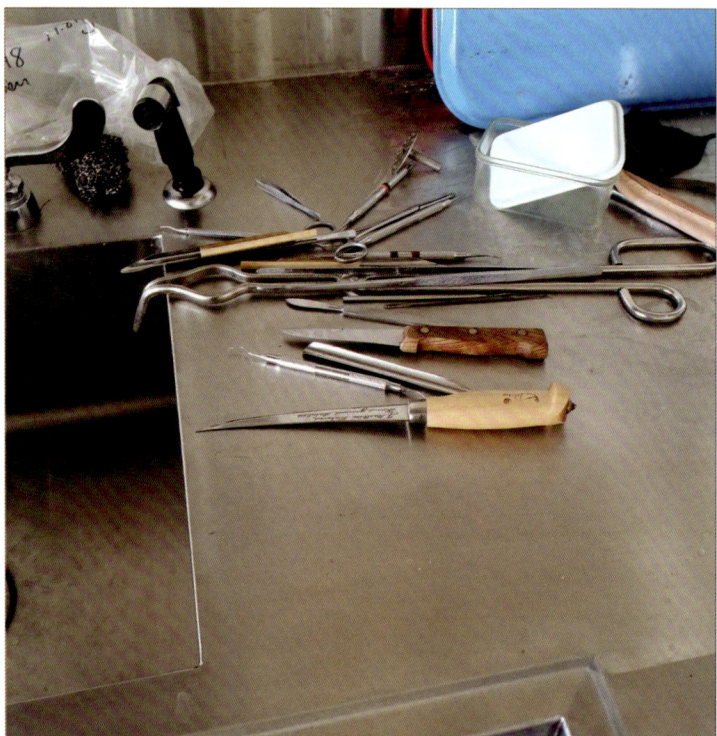

动物考古实验室里的各种工具

生自己用黑曜石原料打制的，切割的对象是一条狗。狗是系里一个学生养的宠物，两年前死了之后就捐给系里，一直冻在冰柜里。这种实验形式比较敏感，尤其有人可能很喜欢狗，感情上会接受不了。所以上课前 Robert 对此进行了详细的说明，并且这节课是自愿参加的。

最后一共来了十几个本科生和几个硕士生，仍然是女生居多。实验室各个角落架起了几台摄像机和设置成延时拍摄的相机，Robert 还让我拿一相机随时抓拍，要全方位记录下实验过程。Robert 系了一条菜市场肉摊老板穿的那种围裙，将狗剥皮之后切下几个大块分给几组同学，然后大家都穿上实验服（也就是白大褂）拿着石器开始围着各自的材料干活了。虽然是冻了两年的狗，室温下慢慢解冻之后切开还是有点血淋淋的感觉，我看着都有些发憷。

制作动物标本的高温蒸煮柜

那些女生居然没有一点退缩的样子，真让人佩服。

大家正在兴致勃勃地干活，突然传来一声很沉闷的撞击声和一个女生的尖叫。原来 Robert 的一个女硕士生突然晕倒，向后倒下撞上实验柜然后瘫在地上，脸色煞白。两个女生赶紧把她搀起来扶到了外面，她显然是受不了这场面晕倒的。屋里略停了几十秒然后继续干活，Robert 让我出去看看那个学生有没有事。我出去时那个女生已经醒来，背着书包准备走了，看样子很虚弱，吓得不轻。下课学生都走之后，Robert 说他自己也吓得不轻，万一那个女生要是头撞着桌子角什么的受了伤他就麻烦了——但是当时他必须镇定，不然课就上不下去了。我也是第一次看到有人见剥一条死狗而被吓晕的。

上课的时间大家也就切着几块肉做了下实验，下课后整条狗全部被放到一个密封的蒸煮柜里。高温蒸煮几天之后皮毛肉全部化掉，就只剩下骨头，然后就可以做成标本供动物考古教学用了。蒸煮柜虽然密封得严实，那几天实验室里还是一直飘着一股狗肉的味道，大家自然都免不了拿中国的饮食习惯开开玩笑——不过都是没有恶意的。

再识落基山下的考古：田野考古

前面讲做助教的经历时，专门写了一些我所了解和体验的考古教学情况。关于考古教学的内容、课程设置、教学模式等均有涉及，然而这些都是在教室里的事情。本身在国内从事这个行业时，主要的活动是在田野，因此对他们的田野考古活动更感兴趣。可惜的是，现在的专业方向不需要亲自去参加田野发掘，而这边的田野考古工作特点也决定了我没有多少机会去亲身体验。所以只能是从老师和同学那里获取一些有关信息了。

首先，对于一个要选择考古为主修专业的本科生（本科生一般都有一个主修专业 major 和一个辅修专业 minor）来说，田野考古是一门必修课，要算学分的。而田野实习一般不是学校或老师安排，而是靠自己去找机会。如果系里老师手头正好有田野考古项目，会根据需要招一两个本科生（主要是有意继续攻读研究生的）参加田野工作，并给学分。如果因其他课程时间冲突或者别的原因无法参加这些项目，则需要去别的地方参加田野课程——很多其他大学老师或者研究机构如果项目需要人手，会在全球范围内招学生参加田野工作并给学分。和国内考古实习另一个大的不同点是，参加考古实习，尤其是校外的田野班，是需要交钱的，相当于学费和食宿费。另外往返差旅费什么的都是自己承担，条件好点的可能会提供食宿。2014 年陕西省考古所和美国合作举办的杨官寨田野考古国际培训班就是这种形式。[①]这样的田野课程都会比较贵，学生要么去申请相关的奖学金资助，要么就自己承担，这就需要有一定经济基础。比如杨官寨这个培训班将近一个月，费用近 5000 美元，即便是在发达的资本主义国家，这对于学生来说仍然是一大笔钱。我

① https://www.ifrglobal.org/academics/programs-past/2014-programs/as/china-yangguanzhai.

们系学生到外国参加这种田野工作的不多(主要是经费问题)。我导师前几年带人到希腊参加过发掘,另外系里一个国际考古项目也安排了一些学生到俄罗斯和日本参加发掘,这种形式下学生的学费就由老师的项目经费承担,学生只需要承担交通费。

当然,本科生去参加考古实习主要是提供劳力,讲 ANTHRO 206 考古学入门的 Robert 老师在课上也这么说。尽管如此坦白,也不会影响学生学习考古的热情,下课之后学生就开始围着他问哪里可以找到实习机会。这段实习经历对学生今后的影响会非常大。比如北美的遗址遗存往往比较简单,遗物也很少,学生在三四个星期的实习期内一般是碰不到多少遗物的。如果哪个学生运气好亲手发掘出一件石器或者动物骨骼,那很有可能就此下定决心以后走上考古道路了。我经常想如果让他们到中国参加一次田野考古,会有什么样的感受。

我所接触的考古专业学生或者老师,或者是已经工作的人,都把他们的田野经历看做一件非常浪漫的事情,事实上也的确如此。首先考古必须是考古学家干的事情,最低层次也是本科学生,偶尔有些志愿者参加——但是都是自己动手挖土筛土清洗,绝对没有民工的概念。考古队伍在现场的一般就是简简单单三五人,最多十几个人。大家经常在营地旁边弄个篝火晚会什么的,确实浪漫。他们能如此浪漫,最重要的原因是北美的考古发掘面积一般都很小,工作量尤其是体力劳动并不大,这大概跟现在的考古研究理念和方法有关。系里有两个老师自己的项目可以很好地说明这个特点。

Robert 老师做博士学位论文时在美国一个很著名的遗址参加发掘。这个遗址在 20 世纪 50 年代由五六个教授发掘过:一个夏天发掘面积 450 平方米,发现了好几座大型房屋基础和一些器物。但是 20 世纪 90 年代 Robert 自己一个人用三个夏天挖了 3 平方米,出土 25 件石器和数千动植物遗存,做了 22 个碳十四测年,并以此为基础做了博士学位论文。

2013 年夏天系里的 Jack Ives 教授和另一个教授带着一个助教、

两个博士研究生、四五个硕士生和一个本科生到美国犹他州一个著名的洞穴遗址 Promontory Cave 里做了发掘。这个洞穴可能是印第安人迁徙游猎过程中的一个临时栖息地，也是很多年前都被发掘过。这次 Jack 带领的这个队伍用一个月时间在洞里又发掘了六七平方米。虽然只有几平方米的面积，出土遗物种类很多，有印第安人穿的软皮平底鞋(moccasin)、打猎工具、赌博用具等，并且已经有多项研究成果发表[1]。出土的大量博彩用具更是引人关注，著名的 discoverynews 网站将这个洞称为美国最早的赌场[2]。同时有好几个同学对这些材料从不同角度进行研究，完成了硕士或博士学位论文。

这两个例子说明在新的理念指导下，以往的那种大规模发掘已经很少开展，大家更专注于从有限的发掘面积中获得更丰富和全面的信息。因此田野工作就进行得更加精细，也就显得比较浪漫了。国外有很多的考古机构(公司或者研究所)有专门的网站随时更新田野项目的进度，很是受人关注。相比之下，我们所经历的田野实习，虽然说也是比较的浪漫，但是显然要辛苦多。尤其是一次在田野上待三五个月的经历，恐怕是北美的学生难以想象的。当然，这种浪漫的、不用民工、小探方精耕细作的考古发掘，也只能适用于一些遗迹较为简单的聚落遗址(尤其是北美)。南美或者欧洲的那些大型的墓地和建筑基础的发掘，显然不是几个教授和研究生自己能够动手完成的。导师的合作项目在希腊，她说希腊的考古发掘实际上很大程度上是依靠民工的，熟练的民工能干出很漂亮的活——这点和中国倒是有很多相似之处。

Robert 讲课给学生介绍考古发掘的基本工具时说到 backhoe 和 bulldozer，就是挖掘机和推土机。而很多学术文章在介绍遗址的背景或者考古过程时，也会说到用工程机械清理地表的情况。这点颇让我有点吃惊：我们国内的田野考古实际操作中几乎每个工地也都或多或少地使用了这些机械，然而这些是不能记录在工作日记中的，尤其是在各种汇报中绝不能出现机械的身影——因为这是明显

① Ives, J. W., Froese, D. G., Janetski, J. C., Brock, F., & Ramsey, C. B.: A High Resolution Chronology for Steward's Promontory Culture Collections, Promontory Point, Utah. *American Antiquity*, 2014, 79(4): 616-637.; Billinger, M., & Ives, J. W.: Inferring Demographic Structure with Moccasin Size Data from the Promontory Caves, Utah. *American journal of physical anthropology*, 2015, 156(1): 76-89.
② http://news.discovery.com/history/archaeology/americas-first-casino-found-in-utah-cave-150609.htm.

Promontory Caves 发掘现场（Jack Ives 教授提供）

违反操作规程的。我们的考古操作规程明确指出考古发掘不能用机械，必须人工挖掘。在这点上，我们的观念似乎应该调整一下，未必一定要这么苛刻，对于大量的地表垃圾不用机械清理显然是不可能的，也没有必要刻意去回避。

老师们做的田野考古项目很少，并且都是为了配合课题研究进行的主动发掘。其余的各种配合工程建设而开展的考古发掘则是由考古公司来承担。跟我一届的加拿大女生 Courtney 本科毕业之后在一家考古公司工作了几年，然后又来攻读硕士研究生。还有几个硕士毕业之后去了一家叫 Tree Time 的考古公司。北美这种公司很多，业务人员也都是具有本科或者以上学位，而高层领导者往往也都具有博士学位。他们工作的内容跟我们各级地方考古研究所差不多，

Reid 参加的考古发掘现场（Reid Graham 提供）

大概就是给基建工程选址提供咨询意见，并在必要的时候提供考古发掘服务。差别是他们的业务是有同行竞争的，各公司之间往往需要通过竞标来获得某一项目的考古业务。考古公司发掘完毕之后负责写发掘报告，遗物交博物馆。考古公司也会经常赞助一些大学讲座，举办公共活动（如考古遗址开放日）等来提高自己的知名度。国内近些年也有地方在向这个方向探索，对基建考古发掘实行招标制。

在公司从事田野考古也算是一个特殊行业了，因为工作地点一般是在野外，经常是荒无人烟的野外。说极度艰苦并不夸张，甚至还会有危险。由于自然环境保护比较好，加拿大的野生动物数量惊人，经常给野外工作的人造成生命威胁（尤其是熊）。学校有一个田野实习管理办公室专门负责各个专业的田野实习工作的协调和联络，他们要求参加实习者必须根据实习地点的环境完成各项基础培训，有些培训如枪械操作、急救术、防熊术等就是针对加拿大野外工作的。猎枪和卫星电话也是在边远地区从事考古必需的安全设备之一。有次一个已毕业的同学讲起他们公司正在进行的一个田野项目，我很好奇地问能不能去看看。他说那地方汽车都到不了，只能坐直升机去——这显然是不方便搭便车的。那种看起来酷酷的全地形越野车(ATV)也是很多考古公司的基础设备之一，因为他们经常需要在没有道路的地方翻山越岭。田野工作辛苦，所以他们的待遇也是相当不错的，听一个同学说夏天在野外连续工作一个月可以获得一个月的带薪休假。

说到基建考古，想起一个题外话。配合基本建设的考古在世界各地都是普遍存在的，无论是发达的资本主义国家如英美，或是发展中国家如中国。在国际学术界，配合基建工程做的考古还有一个专门的名词叫 contract archaeology。基建考古采用的技术和方法与学术性考古并无差别，但是基建考古或者 contract archaeology 都是为了配合经济建设并涉及一定经济利益，相比之下就没那么单纯了。有国内老教授对学生实习参加基建考古项目、高校老师参与基建考古项目是非常反感的，认为基建考古项目中很多不好的习惯会影响学生和老师的职业态度。

对基建考古的诟病并不仅仅存在于中国，国外很多学者对 contract archaeology 涉及的各种问题以及其对考古学科的发展带来的影响也早有关注。2013 年 6 月在巴西的 Porto Alegre 有一个关于 contract archaeology 的论坛，该论坛的计划发布之初就遭到很多人的反对，认为它就是以批评为基调的，存在偏见。著名考古期刊 *International Journal of Historical Archaeology* 的 2015 年第 4 期(Volume 19 issue 4)就是一期关于这个主题的特刊，刊登了 11 篇不同国家学者的文章，从不同角度阐述了他们对 contract archaeology 的态度和认识。①基建考古与学术考古或者说主动性考古之间的差别不容忽视，这些文章也可以对我们思考中国的基建考古有一些启发作用。

① http://link. springer. com/journal/10761/19/4/page/1.

开车做田野调查（Reid Graham 提供）

Brazeau 考古调查（Lacey Fleming 提供）

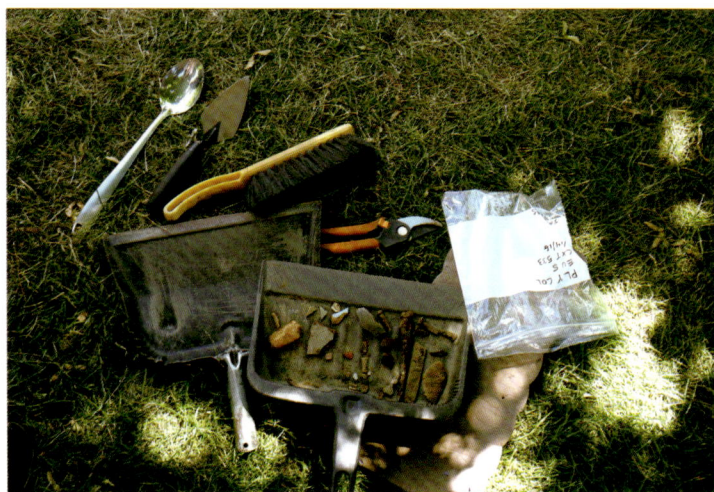

Plymouth Burial Hill Archaeology 考古工具及部分遗物

　　在写这个内容的时候，收到系研究生会转发的本市考古协会（Strathcona Archaeological Society）招募考古调查志愿者的通知。三年前一群徒步爱好者在 Brazeau Reservoir（一个印第安人的保留地）这个地方发现了一些石器和石片并报告给了阿尔伯塔省博物馆，博物馆随后进行了小规模调查并发现了更多的石器。2015 年市考古

Plymouth Burial Hill Archaeology 考古现场

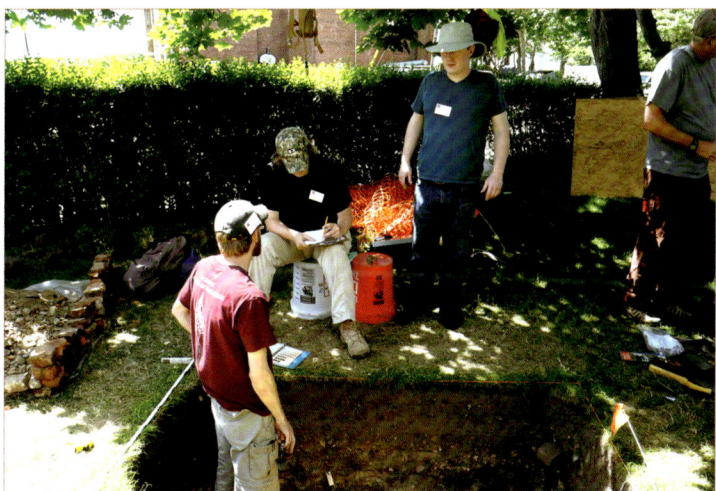

Plymouth Burial Hill Archaeology 考古现场

协会被邀请去对此遗址进行进一步的调查，这次招募志愿者就是为了协助此项工作。调查只有两天的时间，两组志愿者分别负责地面踏勘和探方发掘。这个保留地距离市区 200 多公里，显然是需要开车才能到达的。晚上在保留地附近的一个露营地过夜，需要租帐篷位置(没电源的 26 加元一晚，有电源的 32 加元一晚)，当然还要自

Plymouth Burial Hill Archaeology 考古现场

Plymouth Burial Hill Archaeology 考古现场

己携带所有的露营设备（帐篷、睡袋等）。两天的吃饭问题自理，同时还要给协会交 20 加元的会费才能加入。简言之，考古协会只提供调查和发掘用的装备并负责技术指导，其余一切自理。这就是他们比较典型的考古志愿者活动组织方式，跟我们所组织或经历过的田野工作是大不相同的。这个两天的考古调查发掘实际上就跟一

Plymouth Burial Hill Archaeology 考古现场（图中小旗为 GPR 探测标记）

次野营和徒步活动差不多，于是即便是自己出钱出力还是有很多人踊跃报名。再三思考了一下，车固然可以蹭，但是露营设备还是不方便蹭别人的。专门买一套设备去参加这个调查活动似乎成本又太高，于是我只能很遗憾地放弃了。

2016 年 6 月，在美国参加第七届东亚考古国际会议时，报名参加了会后的自费参观考察。我们的参观线路主要是考古遗址、考古实验室，也在 Plymouth（普利茅斯，即"五月花"号在北美登陆的港口）参观了考古发掘现场。跟前面介绍的差不多，发掘人员主要是麻省大学（University of Massachusetts）Fisk 考古研究中心的学生和几个当地考古学会的工作人员，再就是几个志愿者。每两三个人负责一个探方，两三平方米不等，与我们的考古工地大相径庭。Fisk 考古研究中心开设有专门的博客介绍这个项目①，Facebook 上也有专门介绍这个项目的页面。有兴趣的用百度搜索 Plymouth Burial Hill Archaeology 就能找到许多相关的介绍。

① http：//blogs. umb. edu/fiske-center/2014/ 06/12/excavations-on-burial-hill-in-plymouth/.

学术论文中的地图问题

2014 年 3 月准备去参加美国体质人类学会（AAPA）第 83 届年会，用板报形式（poster presentation）介绍我从稳定同位素的角度观察小麦在中国北方饮食中的传播问题[1]。这个会议在人骨研究领域算是最高级别的了，导师和我都非常重视。从准备题材到最终把板报定稿付印历时一年有余，颇为辛苦。这种展示形式对我是一个新鲜事物，第一次看到自己做出来的英文板报，也是很有成就感的，于是很高兴地发给在国内的爱人。一番赞赏之后，她突然提出一个问题：为什么地图上没有标示南海诸岛？

我的板报中有两张地图标示相关遗址的位置，用的是一张最简单的中国大陆轮廓线图，图上标有长江、黄河，以及秦岭-淮河线来区别传统意义上的南方和北方。制图的时候根本没有想到把一般中国地图右下角那个标示南海诸岛的小方框和九段线加上。爱人突然说起这个是因为那个时候她正在文物局外事部门工作，她们在一些对外文物展览和宣传的材料中对中国地图的使用是有严格要求的。当然我的第一反应就是这太有点小题大做了——我是去参加学术会议，这个图也就是个简单的示意图，有必要拿那些规定来要求么。图的比例已经缩小到 1∶100 万以下，这种情况下也只能看到九段线了，别的什么内容都显示不出来。难道会有人在地图上做什么文章，我很怀疑。

我们在电话里争论一番之后，爱人将这个板报拿去给她们一个很熟悉的处长看。那个处长也是学者出身，很严肃地说这个问题不能忽视，尤其是在国际会议上一定要注意这些细节，否则可能会弄出麻烦。我一听这个也有点方了，难道地图上的这个细节问题真的

① Zhou, L., & Garvie-Lok, S. J.: Isotopic Evidence for the Expansion of Wheat Consumption in Northern China: Not so fast. *American Journal of Physical Anthropology*. 2014(153): 283.

那么重要么？于是我开始上网搜寻相关的信息，结果也有点出乎意料——网上已有关于学术论文中中国地图使用规范(主要是涉及南海诸岛)的讨论，并且有相关的学术论文发表。看来这确实是一个很严重的问题。

2006 年发表于《中国科技期刊研究》的一篇文章，虽然只有一页，但是很严肃地指出科技论文中中国地图的使用规范问题，尤其是缺少南海诸岛等问题。[①]2015 年《编辑学报》上的一篇文章也专门讨论了科技论文中中国地图使用的一些不规范问题，并且认为科技论文中地图的使用应该"注意可能影响国家利益的重大政治性问题"[②]。而南海诸岛在各种论文地图中的标注问题也有人专门撰文讨论。[③]科学网上曾有一位中科院学者和一位北大学者在地图使用问题上进行了讨论，学术问题的争论最后变得很激烈。[④]同济大学的沈海军教授也在其科学网的博客上讨论了这个话题。[⑤]从这些博客后面的留言讨论也可以看出来，参与讨论者的意见呈现明显的两极化：或认为纯学术的问题不必加上太多政治色彩，或者认为地图问题非常严肃不能怠慢。有讨论说明了这个问题确实存在，并且已经有人注意到了，但是看起来这是很难有一个统一的认识或者说标准答案的。

由于争论太激烈，甚至有的言辞中硝烟味十足，前述科学网上关于地图使用问题讨论的博客已经关闭了公众阅读和评论功能，需要征得博主同意才能查看。这个博客的博主、中国科学院学者王铮随后在博客上又写了一篇题为"国家地图无小事"的短文，表达了他对地图问题的看法。[①]《光明日报》在 2005 年 9 月 1 日第 6 版刊登过一篇时任国家测绘局局长陈邦柱的文章，题目就是"地图无小事"。这篇文章很严肃地指出"地图事关国家安全、国家主权、民族尊严和中华民族的根本利益"[⑦]。

通过一番了解之后我开始认识到，地图问题的重要性显然是不可忽视的，可能还是会有人认为将学术论文中的地图使用与国家安全、主权、民族尊严等联系起来有点过于较真——比如我最初的想

① 倪东鸿，马奋华，王小曼，冯怀莹. 正确绘制科技论文中有中国地图的插图. 中国科技期刊研究，2006，17(5)：844.

② 罗玲，宋晓林，张世奎. 科技期刊中中国地图绘制的常见问题与处理对策. 编辑学报，2015，27(5)：437-440.

③ 张福颖，刘菲，徐金龙，倪东鸿. 正确绘制科技论文中中国地图的南海诸岛附图. 气象科学，2013，33(6)：653-655.

④ http：//blog. sciencenet. cn/home. php？mod = space&uid = 2211&do = blog&id = 534930 (注：因博客作者隐私设置，相关内容可能需要获得同意才能查看).

⑤ http：//blog. sciencenet. cn/blog-39356-535359. html.

⑥ http：//blog. sciencenet. cn/home. php？mod = space&uid = 2211&do = blog&id = 222559.

⑦ http：//www. gmw. cn/01gmrb/2005-09/01/content_298505. htm.

作者在 2014 年学术会议上展示的板报

法。学术论文中地图的使用规范可能无关政治问题，但是却和学者的态度有关。论文中用中国地图，这跟学术引用是一个性质，只是引用的形式不同而已。地图信息是否完整，实际上反映了资料的引用是否严谨——如果从这个角度去理解，可能会少一些争论，并且更容易理解为什么有学者在这个问题上十分严肃。于是我决定将地图上缺失的信息补充完整并且重新去制作一份海报，尽管这又要花费一笔数额不菲的加币。

　　会议临行之前去见导师，说起板报上地图的这个细节修改，她说这是应该的。然后她给我讲了下她的看法。加拿大的唯一一个法语省魁北克省闹独立已经很久了，很多魁北克人在外面会说自己是魁北克人而不是加拿大人。当然其闹独立的运动很大程度上是一些民间活动，也并没有什么过激举动，政府对此也没有采取什么措施。老师说，如果在某一个国际会议上有人在加拿大地图上魁北克的位置插一个小旗或者做特殊标注表明独立倾向，任何一个有正义感的加拿大人肯定是会去理论的。

爱国与学术显然是有关系的，她的这种态度让我很受教育。至于中国地图上的南部岛屿标注问题，她说还是要严肃一点比较合适。当然，有时候为了避免图上信息过多影响主要内容的表达，可以只选取相关区域地图并加以说明(比如中国北方、中国西北等)，这种时候就不需要对岛屿问题再做特别标注了。如果使用的全图，则是应该严肃地对待相关的问题。

2017 年年底，国家测绘地理信息局、国家文物局联合印发了《关于规范文物博物馆单位使用地图的通知》，说明文物博物馆单位以往在使用地图中确实存在不少的问题。而近年来国内确实也出现过一些因地图使用不规范而导致的比较严重的问题，引起了有关部门的注意。因此，学术论文中使用地图也是一项非常严肃的事情。

第一次国际学术会议经历

严格来说，2014 年 4 月在加拿大卡尔加里市（Calgary）参加的美国体质人类学家协会（AAPA）第 83 届年会并不算是我第一次参加国际学术会议的经历。2010 年我参加了在河南内黄举办的"汉代城市和聚落考古与汉文化国际学术研讨会"，不过由于是中国机构主办，参加的学者也以中国学者为主，会议形式和氛围与国外会议还是有一定差别的。因此 Calgary 这次会议算是我第一次真正的国际学术会议经历。

（一）投稿和会前准备

2013 年年初导师说你应该考虑参加明年在 Calgary 举办的AAPA 年会，距离比较近（距学校约 300 公里）且不用出加拿大。我跟她说过按照国家留学基金委的相关要求，学习期间我们允许离开加拿大的时间是有限的，因此这次会议确实是个不错的机会。

这个会议可能国内大部分考古学者比较陌生。美国体质人类学家协会的全名是 American Association of Physical Anthropologists，简称 AAPA。看名字似乎是一个美国的体质人类学专家的协会组织，这实际上有两个误解：首先它是一个国际性的学术协会，总部在美国；其次参加的专家并不仅限于我们所理解的研究古代人骨的专家，而是有着非常广的覆盖面。按照其官网的介绍①，physical An-thropology 实际上既属于生物学领域，也属于社会科学领域，研究的内容包括人类以及所有和人类有密切关系的生物的适应、进化和发展史。该协会成立于 1930 年，至今已有逾 1700 名注册国际会员

① http：//www.physanth.org/.

080

（当然主要还是欧美的），是世界上最大的体质人类学学者协会。其所举办的年会也是相关专业领域最高级别的学术会议。

具体到考古专业，大家熟知的所有和古代人骨相关的研究领域如古人类起源、骨骼形态、健康状况、性别年龄、稳定同位素、古DNA 等，以及动物考古研究的大部分内容都可以归入到官网上所说的 Physical Anthropology 的范畴。另外很多我们并不熟悉的专业比如解剖学、法医人类学、现代人群健康研究、现代动物习性研究等也都在这个范畴内。这与我们一般理解的体质人类学实际上是有很大差别的。由于涵盖范围很广，会员之间的专业差异实际上很大——协会的活动中，往往会根据研究领域分成不同专场举行活动，同时有些专业的小型协会也会借机开展自己的活动。我们学校的考古系以生物考古（人骨、动物骨骼相关）见长，几乎每一个老师都是会员，同时又分属不同小的专业协会。在老师的影响下，本科生和研究生们也都很努力地争取机会去参加这个会议。

这种学术会议，可以提交论文（摘要）参加，也可以不提交成果而单纯的旁听会议。作为一个博士研究生，空手去旁听显然是不合适的，因此我需要准备点有意义的东西——这种国际会议对提交的摘要有严格的审核，并不是说任何东西都能被接受。上述和考古相关领域的研究都是强调新材料新信息，而我现在根本没有这个条件，唯一的可行之路就是回顾以往的文献争取找到点新发现。这真是一个漫长的过程：从 2013 年 1 月导师提及这个事到我找到合适的主题并完成基本材料组织，经历了半年多。9 月网上提交摘要到第二年 4 月正式开会又是半年多时间，这期间修改板报地图的经历在上一篇已经说过了。

导师临时家里有事，无法参会。幸好系里还有 Ben、Jacob、Ruth 等几个同学要去，于是我们约好拼车过去，由 Ben 负责开车和预定住宿。会议有两家指定的酒店提供打折房间，折后价格还是200 多加币一晚上，这种价格对于我们学生来说仍然是很昂贵的，学校给的资助总共才 500 加币。Ben 告诉我们订了一家郊区的 Motel

(汽车旅馆)，价格 40 加币一晚，四人一间屋(到后来我才知道是三男一女，不过有了加西之行的经历也不觉得奇怪了)。

顺便说一下，这种国际会议都是要交会费才能参加的，并且不管食宿。出国之前，至少在我们的行业内是没有听说过还有交钱参加的会议，现在由于管理的严格化可能是有些改变了。注册费比较人性化，学生和退休人员有折扣。同时如果参会者的国家是在世界货币基金组织列出的经济不发达国家名单上，还有额外折扣。中国在这个名单上，于是我享受双重折扣，最后交了 15 美元的会费。Ben 和其他同学应该是 60 美元，而一般会员比如老师是 100 美元。

(二)会议的形式

尽管报名参会的有 1500 多人，会议组织还是非常的高效和专业，提前几个月会议流程就已经定下来并邮件发给参会者。协会的刊物 *American Journal of Physical Anthropology* 专门用一期来发布会议相关信息，包括会议流程、参会学者名单、接受的论文摘要等。①

① http://onlinelibrary.wiley.com/doi/10.1002/ajpa.v153.S58/issuetoc.

这个协会以往的 80 多次年会绝大部分都是在美国办的，这次在加拿大的 Calgary 举办对这个城市来说也是一个很大的荣誉。之所以能在这举办，估计跟 University of Calgary 的一个著名人骨学专家 Anne Katzenberg(也是我导师的导师)有关，Anne 在人骨研究相关领域的国际影响力非常高。会议的开幕式别具特色：市长、协会主席，以及本地会务负责人分别简短讲话，然后是酒会(冷餐会)。大家拿着酒杯或者酒瓶到处走动，见见老朋友，结识新朋友。

会议的主要形式是 podium presentation(主题演讲)和 poster presentation(板报展示)。Podium presentation 一种是特邀学者作演讲，另一种是某一群研究领域相近的学者自己组织的小规模论坛(需要事先申请并获得批准)。无论是哪一种形式都是每人 15 分钟演讲时间，会场主持人在台下计时，快到时间了举小牌提示。因此那种一

AAPA 会议上板报展厅

人在上面滔滔不绝地讲着，底下人听得昏昏欲睡又不敢打断的情形是不会出现的，这是我参加这个会议的第一个深刻感受。每一个学者都要学会在 15 分钟之内简明扼要地将自己的观点表达清楚，如何做简短的学术报告也是国外大学从本科开始的一个重要训练内容。

前面说过，板报展示对于我这种纯文科出身的人是一种全新的形式，就是用一张海报的形式简明扼要地展示自己的研究成果，相当于 PPT 集中在一个平面上展示。不过板报的尺寸（会议有要求）、版式、字体大小、颜色等都是很有讲究的：既要吸引人注意力，又不能太花哨，还要让人在很短的时间内看明白你的意思。这些技巧也是外国大学生从本科开始都必须掌握的，不论任何专业。我们有一门课的期末考试就是做板报展示，自己负责给老师讲解，老师据海报的设计和内容等打分。板报展示是国际学术会议很流行的形式，参加展示的板报往往都有数百份之多。这个会议上每份板报展示一天时间，上午下午各有半小时作者站在自己海报旁边等待提问，其余时间为自由参观学习。

不同主题的演讲与板报展示同时进行，因此参会者需要根据自己的兴趣爱好选择会场。上午场和下午场中间都有 20 分钟左右的

AAPA 会议上学者们参观板报并讨论

茶歇时间让大家活动一下——不过茶歇时间不喝茶，一般都是喝酒或者咖啡。

　　酒也是这种学术会议的特色之一。茶歇时间的酒水是免费的，但是这种时间没有人会敞开喝酒，一般也就是一瓶啤酒当做茶水了。会议上有各种欢迎晚宴和结束宴会等，食物一般都是免费，不过酒水收费。一瓶最常见的 330 毫升啤酒市场价 2 加元左右，宴会上售价 7 加元。这可能对于那些有收入的学者不算什么，大家都喝得很热闹。苦的还是学生，尤其是无酒不欢的北美同学们：大家每人极不情愿地掏钱买一瓶酒到处转一下认识认识人，然后就约好去酒吧了。附近几个酒吧也都不失时机地打出会议折扣价，带着参会姓名牌就享受折扣。因此到处都看得见脖子里挂着一样牌子的男男女女，主要是年轻人。酒吧里很吵，每个人说话都是近乎声嘶力竭地吼着，大家却乐此不疲地到处打招呼，气氛十分热烈。

这种情形之下是不可能记住多少人的：我记得同学 Ben 头天晚上在酒吧和一个德国女生聊得很开心，第二天早晨在会场见面连招呼都没打，显然都互相不记得了。不是因为宿醉，而是新面孔太多确实很难一下全部记住。各种小型的专业协会也会举办自己的酒会，当然我们不是圈子里的人，也就没有机会参加。听说在一个女性学者的聚会上，有人喝得当场吐了——我们一个老师说的，看起来豪放的学者是到处都有，并且不分性别。比起某些会议上各种让人欲辞不能的酒场应酬之外，这种喝酒的氛围倒是很轻松自由，只是真的太吵。我这种语言能力有限的外国人，在这种场合绝大多数时候就是跟着凑热闹，根本没法很深入地参与酒桌上的各种话题。

(三) 参会的学者

参会的学者主要是大学老师和学生，还有一些研究所的科研人员。1500 多名参会人员来自好几十个国家，欧美仍然占多数，只有极少的亚洲和南美洲等地的学者。

印象最深刻的是稳定同位素研究领域的大佬 Stanley Ambrose，一个精神矍铄的美国教授。老先生除了自己的报告之外，就提着一个笔记本电脑挨个看海报，每场都到，每个都仔细看，并且与作者仔细交谈。如果看到跟他研究相关的，他还会打开笔记本电脑蹲在地上进行分析或者验算。这种精神让我非常佩服。老先生在我的海报跟前问了几个问题之后，兴致勃勃地谈起了他不久前去中国的经历，并且介绍了他的学生、刚毕业去山东大学任教的董豫博士。老先生走到哪里身边都围着一群人，起初我是很想凑过去跟他拍个照的——后来意识到这很不合适，这毕竟是学术会议。几个朋友一起拍照的经常有，但是没见有谁去拉着大腕学者们追星一样的拍照。

在我板报旁边的是一个法国女学者，跟我导师还有一些交往。有意思的是，我的研究对象是欧亚大陆上由西向东传播的小麦，她

① Sun,L., Zhou, L., & Garvie-Lok, S. J.: Study on the Population Affiliations of Human Remains from the Han Cemetery in Xuecun, Henan, China. *American Journal of Physical Anthropology*, 2014(153): 249-250.

① Kate Pechenkina and Marc Oxenham (ed.): *The Bioarchaeology in East Asia: Movement, Contact, Health.* University Press of Florida, 2013.

研究的是由东向西传播的小米。可能是会议有意将我们的展示安排到一起的，我们也因此有了一些交流。后来在我展示另外一个和同事孙蕾博士合作的关于颅骨形态特征和人群族属关系的海报时①，她也过去参观。这种比较传统的研究方法似乎很少有人关注，偶尔有几个人驻足观看然后就会问这样的关系为什么不用 DNA 测定。这似乎反映了这种研究方法的衰落：美国同学 Jacob 在看过我推荐的那本介绍东亚人骨考古研究的英文著作之后①，也很疑惑地说为什么你们现在还用颅骨测量这样的手段而不用 DNA。然而这个法国学者却表示了不同的看法。她说我们现在仍然在用颅骨测量的方法，为什么要抛弃这最基础的研究方法，颅骨形态特征对比会给DNA 分析提供线索。这大概反映了北美和欧洲在研究思路上的一些差异吧，我对这个领域不太熟悉，也就没有进行深入的探索。不过现在相关的英文学术期刊上，确实很少见到相关的文章了。

这种会议是欧美学者的主场，黄皮肤的学者很少。会议报到的第一天晚上在酒吧遇到一个挂着姓名牌的亚裔学者。打招呼之后仔细看了下他的名字，原来是大名鼎鼎的杨东亚教授。杨教授现在加拿大的西蒙菲莎大学(Simon Fraser University)任教，主要领域是古DNA 研究，跟我导师也很熟悉。他的实验室和研究成果在国际上都有很高的声望，目前与吉林大学建立了合作关系，这次带领十多个吉大到 SFU 交流的硕士和博士研究生参会。十多个学生的参会费用都由杨教授承担，并且都是住在指定宾馆。听一个学生说，因为注册得比较晚还没赶上折扣价。如此大气的老师让我们几个都羡慕不已。更羡慕的是这些年轻的学生很早就有机会参加这样的会议开阔眼界。另外还有中科院毕业现在 Mercer University School of Medicine 任教的王谦博士，他与我们研究所的一位前辈也有联系。和中国社科院的人骨专家张君研究员说起人骨研究的一些困境，她说曾经联系北京一家医院想合作做一些现代人骨的研究，从而为研究古代人骨的性别年龄等提供参考(国外人骨性别年龄鉴定标准就是这样建立起来的)，然而医院方压根对这些都不感兴趣。当然还有社科院考古所一个年轻的学者，是我同事孙蕾博士在吉大的师姐。我的同事孙蕾博士和好几个吉大的学生由于经费或者手续问题未能来参加会议，因此在展厅留下了好几块空白展板，确实有些遗憾。除了这些华人学者之外，也有几个曾经与中国学者有过合作的美国学者很热情地打招呼。这些在中国做过研究的学者对我们的研究都十分感兴趣，并且都认识到中国在相关研究领域的发展潜力。

我的几个同学很快就分散到各自感兴趣的会场去了，我也是四处游走。绝大部分研究对象和方法我都十分陌生，看起来很费劲。除了关注中国学者的成果、和中国有关的成果之外，我很大部分时间都在琢磨别人别出心裁的展示方式：比如有人在海报旁放上电脑做三维展示，也有人直接在海报下面挂上两台 Ipad 供参观者直接进入链接欣赏其详细研究成果等。相比之下，一贯大大咧咧的 Jacob 同学表现出的耐心和细致让我惭愧，他拿着小笔记本看完了每个展示并做了笔记，并且尽最大努力地去听了大部分的学术报告。

除了学者参会之外，很多研究机构也会在合适的位置搭起一个小展台展示他们的研究成果和著作，相关公司也来推销他们的技术和产品。有家公司在入口展示他们的骨骼模型并给每个驻足参观的人赠送一小节手指骨模型为纪念品。这些骨骼复制品价格不菲，但却是教学和研究必需的基础材料，尤其是一些很罕见的病理样品。另外也有公司做短期的骨骼 3D 扫描收费培训（workshop），当然主要是推销他们的产品，不知道有多少人去参加。

对于学者们来说，这种会议除了展示自己成果之外，更重要的是了解相关领域的研究前沿，并且建立人脉网络，为将来的合作研究创造机会。因此国外大学是鼓励学生尤其是研究生去参加学术会议的。对于我来说，这次会议无论是内容还是形式都是一个全新的体验，所见和考古相关的各项研究让人有眼前一亮的感觉：原来考古出土骨骼材料可以有如此多的研究视角，并揭示如此多的珍贵信息。而这种报告加板报的会议形式能够让更多的学者有机会展示自

AAPA 会议上骨骼模型公司的展台

已的成果并且进行交流，最大限度地传播了新技术方法，展现了相关领域的研究前沿。随着国际合作的开展，这种会议形式也逐渐被国内考古行业所接受。2016 年 5 月在郑州召开的第一届中国考古学大会就采取了这种形式，我在郑州的同事也做好准备去向同行展示他们这几年在动物考古领域取得的成果。

对外国人的称呼

这个小话题看起来有点像题外话，但是我觉得对于很多即将赴外留学或者正在跟国外学者打交道的朋友来说，应该是有些价值的。

2014 年 7 月 10 日至 23 日，在省局和研究所的支持下，我的导师 Sandra Garvie-lok 博士到河南做访问，在指导我田野工作（人骨鉴定和标本选取）的同时举办了几场讲座，介绍她的相关研究成果。由于她完全不会中文，在这期间我就全程陪同担任翻译。除了专业知识之外，我也借机请教了一些一直困惑的其他问题，其中很重要的一点就是关于外国人的称呼。

大家都知道中国人的姓名顺序和外国人不同，我们是姓在前，他们是名在前。2012 年 9 月在学校第一次见到导师时，她问我怎么称呼，是 Zhou，还是 Ligang。她发 Ligang 这个音的时候很费力而且还错成了 Liang，于是我就说那就直接称呼 Zhou 吧，这比较简单。在河南，大家比较熟悉之后也有直接称呼姓氏的习惯，因此我对这样的称呼也比较适应。不过这个姓后来也慢慢地被老师和同学们读成了 Joe，我也就不去纠正了。

根据国内称呼老师的习惯，在之前的邮件往来中我对老师就称呼 professor。到了学校之后，发现很多同学是直接叫她名字 Sandra 的，这让我有点吃惊。有个老师在第一次上课之前也特别讲到，大家以后可以叫我 professor、doctor，或者是名字。我觉得这不同的称呼之间是有区别的，但是一直弄不清楚。就个人来说，如果让我对老师直呼其名，我还是不能适应。

路上我就这个问题专门请教了她，她给出的解释也很有意思。

她是 60 年代人，从小接受的教育是晚辈对长辈要尊称 Mr 或者 Mrs，后面加上姓氏（即某先生或者某夫人），只有对同龄人或者比自己小的才直接称呼名字。这点倒是和中国比较相似。后来社会风气倡导自由和平等，这种传统就逐渐被抛弃，晚辈也开始对长辈直接称呼名字了。当然并不是大家都能接受这样的改变，有的人（包括她自己）对晚辈直呼自己的名字还是会觉得别扭，认为应该加上一个尊称（Mr，Mrs 或者 Miss）比较合适。这是家里的情况，学校里有所不同。在她读博士的 University of Calgary 有一个不成文的规定，本科生是不能直接称呼老师名字的，要叫 professor 或者 doctor，只有研究生以上才可以直接称呼老师名字。后来她到了阿尔伯塔大学任教，人类学系没有这样的传统。每次看到大一大二的学生给自己写邮件开头就是很直接的一句 Hi Sandra，她会觉得不舒服，然后回邮件时都会很认真地告诉学生请叫我 Dr. Garvie-Lok。

可能会有人觉得在称呼上如此纠结有点小题大做，既然外国人都习惯直接称呼名字，那就直接叫名字好了。但谨慎和尊敬的态度是十分必要的，如我导师所说，并不是每个外国人都习惯别人（比如是自己并不熟悉的学生、晚辈等）对自己直呼名字，因此在跟一个并不熟悉的外国人打交道时必须要注意这个细节。有时候可能就会因为这一点细节影响对方对你的印象，这样的例子在我们身边都有。在学校当地一个中国人的微博交流平台上，有个本科生说老师在回复邮件中让他注意自己的态度（attitude），有点批评的意思——他贴出了自己的邮件截图表示很不解，自己写得很诚恳，并没有什么地方表现出态度不好的问题啊。微博下面争论不休也没说出问题所在，后来有人就指出可能是在邮件开头你直接称呼名字这个事情引起了他的不快。我看了邮件之后也觉得只能是这个问题。总之，无论是在任何文化背景中，在跟一个并不熟悉的人交往中，保持一种谦虚尊敬的态度是不会有问题的。

当然选择让对方怎么称呼自己就完全由自己根据文化习惯决定了，可以选择姓也可以选择名。中国人的名字发音经常会给外国人造成困难。我们系一个同学名字是 Jie，她导师名字是 Jean，经常把别人弄得头晕。工程系唐耀同学一个导师带了好几个中国学生，姓名还都是两个字，名字分别是 Yao、Yang、Yuan、Yun 等，他们也都选择让别人称呼自己的名。感觉他老师挨个叫起他们来舌头一定会打卷，据他说那些外国同学从没有分清楚这些名字的区别，也没有人能够正确地发出这些音。

　　当然，也有不少中国学生到了国外之后会给自己一个英文的名字便于交流。由于文化背景差异，中国同学起的英文名字也会经常闹出笑话，这些在网上都能够搜索到不少信息，就不多说了。大家以后如果想给自己起个英文名字，最好还是先搜索一下相关信息或者咨询一下外国的朋友。

美国的工人运动考古：
马克思主义考古学的一个案例

① McGuire, R. H.: Won with Blood: Archaeology and Labor's Struggle. *International Journal of Historical Archaeology*, 2014, 18 (2): 259-271.

　　浏览考古期刊时突然在 *International Journal of Historical Archaeology*(《国际历史考古学》)上发现一篇这样的文章：Won with Blood: Archaeology and Labor's Struggle(浴血的胜利：考古与工人斗争)①。考古文章的名字具有如此浓厚的政治色彩，这在我们的考古期刊中十分罕见(除了某些特殊时期之外)。在好奇心驱使下我对这篇文章进行了细读，从而得以窥见美国考古的另一些特点。

　　作者在摘要中说美国工人的基本权益，如合理的工资、安全的工作环境、每周 40 小时的工作时间、带薪休假等，越来越得不到保障。如今只有极少数工人能够享受应有的工资福利等待遇，这是因为工人的组织性在下降。资本家和政治家们认为在全球化的背景下，工会组织实际上损害了工人利益并加剧了竞争，因此没有再存在的必要。而考古学家们用考古证据表明工人的基本权益是前辈们浴血奋斗换来的，而工人阶级的团结仍然是维护这些权益的基本条件。同时考古学家们关于历史上工人运动、工人阶级现状、阶级斗争的研究对将来的工人运动有着重要意义。这些内容确实是把考古研究上升到了政治的高度。

　　文章前半部分对美国工人斗争的历史回顾就不再重复了，说血泪控诉也不为过，可以用一句大家十分熟悉的话来概括——资本主义的发展和繁荣都是建立在工人阶级的累累白骨之上。很多语言在我们看来十分面熟，因为我们从初中到大学的各种政治教材中不乏相似的内容。随后 The Archaeology of Class Struggle(阶级斗争考古)这一节开始从考古的角度来谈工人运动和工人斗争。作者认为美国工人阶级与资产阶级进行的斗争有着悠久的历史，主要有日常生活中的反抗行为和有组织的武装斗争这两种形式，并且分别列举了考古证据。

日常生活中的斗争反抗有的发生在家里：比如，20世纪初科罗拉多州南部煤矿营地的妇女们在家里开办家庭旅社来增加收入，因此同时期的垃圾堆中就有许多的大型盛食器和各种罐头盒。随后家庭旅社被禁，妇女们开始转向家庭种植业和罐头加工，垃圾堆里就开始出现大量的破碎玻璃瓶和盖子。与此对应的大背景是，大罢工之后，科罗拉多燃料与钢铁公司建了公司宿舍和营地并企图借此来推广公司理念，宣传和强化他们所谓的团结、合作，以及身份认知。然而工人阶级的家庭妇女们却在这些场所开展诸如罐头加工之类的经营行为，改变了建设公司营地的初衷。

另一种日常的斗争发生在工作场所。19世纪20世纪之交，工人的工作机会逐渐受到机械化的威胁，于是捣毁设备、拖拉偷懒、偷窃材料等成了他们抵制机械化的常见行为。这样的行为一般比较隐蔽，在官方文件中很难找到记载，但是考古学家却找到了证据。例如，马萨诸塞州的John Russell刀具公司自1833年以来一直依靠工人们用手工制造刀具，到了1880年左右开始引进机械化生产。工人从此转向维护操作机器而不是亲自制造刀具。考古学家在该公司厂房周围发掘出土了大批被蓄意破坏的刀具以及一些零部件残次品——他们认为这些材料反映了工人们由于专业技能优势丧失、劳动力价值降低而产生怨恨，从而进行的蓄意破坏活动。另一例是弗吉尼亚州的Harpers Ferry酿酒厂装瓶车间。在19世纪末20世纪初的20年间，随着酿酒过程的机械化，生产事故率和工人不满情绪都有明显提高。后来在厂房翻修过程中，考古学家在车间后墙外发现100多个被砸碎的可回收空瓶——他们认为这些正是工人们偷偷喝掉公司的产品然后毁掉证据的反映。另外他们在工厂的电梯竖井底部还发现了1000多个被砸碎的可回收酒瓶。

除了日常生活中的斗争反抗之外，另一种重要的斗争形式就是有组织的武装斗争，作者举了三个例子。1921 年夏，西弗吉尼亚 Logan 县煤矿工人举行罢工游行，要求加入美国矿工联合会。武装游行的工人在 Blair 山遭遇了煤矿公司的武装打手以及州国民警卫队，并遭到机枪扫射和飞机轰炸，死伤累累。1897 年 9 月，宾夕法尼亚州 400 余名手无寸铁的煤矿工人举行罢工游行，在 Lattimer 遭遇县治安官带领的 80 多名武装人员。工人拒绝停止罢工，然后遭到枪击，死伤惨重。1914 年 4 月，科罗拉多州的国民警卫队与罢工队伍发生武装冲突，持续交火一天。最后国民警卫队一把火将矿工联合会的营地烧个精光，造成包括十余名妇女儿童在内的伤亡。考古学家们在这些遗址上开展发掘，寻找弹壳、弹药筒、射击掩体等遗存，并且力图通过技术手段分析、走访调查和查阅资料还原当时惨烈的冲突场景。①美国学校的历史课本上极少提到阶级冲突，甚至有人声称阶级冲突根本没有存在过。上述这些遗址上的考古学证据无可争议地证明了历史上工人阶级流血斗争的存在。

因为主旨是在号召当今的工人阶级继续团结起来争取合法权益，文章随后继续强调了这些文化遗产和相关研究在提醒当今工人阶级不忘历史、唤醒斗争意识等方面的重要作用。同时作者还举例说明了当今美国有关部门或者人员仍在努力掩盖史实，企图抹去这些工人运动的历史。2009 年 3 月，在美国矿工联合会和一些地方团体的申请下，美国国家公园管理局将 Blair 山的工人斗争遗址列为国家文化遗产地(National Register of Historic Places，相当于中国的国家文物保护单位)。然而 9 个月之后，在 Massey 电力公司(该公司在遗址上规划的建设工程遭到矿工联合会的抵制) 和支持煤矿行业的其他组织的压力之下，这个遗址居然又被除名了。2012 年联邦法院判决，支持了公园管理局做出的除名决定——这是唯一一个入选后被除名的遗址。其他两个遗址上的纪念碑和雕塑多年来也经常遭到人为破坏。2012 年以来，考古学家、遗址保护者、环保主义者以及矿工联合会一直在跟企图在 Blair 山开发煤矿的公司进行各种形式的斗争，以争取保护这个具有历史意义的遗址，美国著名

① 这些研究都有专门的学术论文发表，有兴趣者可检索原文的文献。

的考古杂志 archaeology 对此有多次报道。①

文章的大意就介绍这些，具体很多细节可以参看原文。作者 Randall H. McGuire 是美国著名考古学家，对马克思主义考古学理论贡献很大。马克思主义考古学这个理论流派本身就带有很浓厚的政治色彩，这篇文章也毫不掩饰其政治目的和政治色彩，考古研究在这里显然只是一个工具。其对资本主义和资本家的敌对情绪、对工人阶级的同情、对武装斗争争取阶级利益的支持，等等，看起来是很激烈，或者说有些危险的。在看到这篇文章时，我的直觉是这在普通考古期刊上并不多见，文章参考文献的来源出处也说明了这一点。总共 31 条参考文献（这在考古研究类文章中属于很少的），其中仅 5 条出自和考古有关的期刊，另外 4 条分别出自其他人类学刊物和工人运动相关的刊物，其余文献全部出自各种专著。可能也说明这种政治色彩浓厚的文章不是很受一般学术刊物的欢迎吧，尽管这也是学术研究的领域。这些可以作为了解马克思主义考古学的一个窗口，但马克思主义考古学并不是我的关注点，引起我兴趣的是其他方面。

首先是美国考古研究对象的时间之广。这篇文章研究的三个遗址年代都很晚，最晚的已经到了 20 世纪 20 年代，这在我们看来根本不是考古研究的范畴了。以往我也曾认为这是因为美国文化遗存少，不得不尽量往后延伸，这其实是个误解——书稿的第一篇文章说过，美洲大陆的人类活动历史也有一万多年。在美国也并不是只有马克思主义学者为了研究工人运动而关注 20 世纪初的这些遗存，还有其他研究移民、贸易的考古学家也在关注这些在我们看来很晚的遗存。大多数人可能会认为近两百年的历史已经有了丰富的文字、影像等资料，根本没有必要再去做考古研究。我们应当认识到，所有的记录资料（包括影像）都是带有记录者主观意识的，并不一定反映了全部的客观事实；同时这些记录资料的覆盖面还是很有限的。在有条件的情况下，对这些晚期遗址进行科学的考古研究还是很有价值的。

① http：//archive. archaeology. org/1201/features/blair_mountain_coal _ activism _ west _ virginia. html；http：//www. archaeology. org/news/2461-140825-west-virginia-blair-mountain-battlefield.

文章介绍工人阶级在日常生活中的一些非暴力斗争例子和相关的考古学证据也非常有意思。妇女开家庭旅社增加收入，后来家庭旅社被禁从而转向种植业或者罐头加工，这些是从文献资料中可以看到的。作者将家庭生活垃圾的变化与这个背景联系起来，除去政治色彩不谈，这反映了遗物特点与人群行为之间的联系，可作为一个解释考古学现象的案例。工人们在工厂里的各种隐蔽的消极怠工手段与工厂内外的破碎酒瓶或者毁坏刀具等之间的联系虽然略显牵强，但是也反映了考古学家在解释考古材料方面的努力。我们在研究考古材料时也会面对各种变化，比如器物形态、器物组合、某种器物在遗物中的比例，等等。我们很善于描述这些变化，却往往很少去探究这些变化背后的因素。这一方面与缺乏可参考文献有关，另一方面可能还是反映了研究思路的差别。

　　另外，文章中对战争遗址研究方法的一些介绍也很有启发意义。例如，根据出土弹头情况来推测武器的型号口径、根据弹道学原理来还原射击位置，从而动态地还原当时的战斗场景或者冲突情形。现在我们国家对重要的近代革命遗存和抗战遗存的重视程度也越来越高，如果对某些重要的、保存较好的战争遗址进行系统的考古学研究，当然必须是多学科的合作研究，也可以对重建当时的战斗场景并进行科学展示有重要帮助。

　　我一直认为，考古学家应该会根据材料讲故事，至少要有探知考古材料背后故事的愿望。除去文章中浓厚的政治色彩，这篇文章作者在这方面的努力还是值得学习的。

亲历印第安人遗骨返还 *

* 本文部分内容发表于《大众考古》2017 年第 1 期。

2014 年 9 月，系里发邮件说招志愿者干点体力活，参加一个 repatriation 活动。邮件里没有说得太详细，只说具体有兴趣者找管理人类学系博物馆的 Pam 老师联系。根据我对北美考古的一点认识，这个活动很可能和印第安人遗骨或遗物返还有关，因为 repatriation 在人类学系和考古方向实在不容易再找到别的关联。这是个了解和印第安人有关的考古活动的重要机会，非常难得，于是我很快报名，并且强调自己是个棒劳力。在这个女生多男生少的系里，我也很自然地获得了这个机会。

10 月 17 日早晨，七八个志愿者集中到了 Pam 老师的办公室，她先大概讲解了下这个事情的情况——确实是涉及印第安人遗骨返还。结合她的讲解和我自己查的一点资料，我整理了下这个事情的背景。

(一) 背景

在欧洲人统治了北美大陆之后，他们必须要面对的是在这片土地上游牧渔猎上万年的印第安人的敌意，这些彪悍勇武的原住民曾让殖民者心惊胆战，付出了惨重的代价。为了便于对原住民的管理以减少麻烦，政府在各地划出很多片印第安人保留地 (Indian Reserve)，并将相关的部落迁入居住，原住民在这些保留地里自主处理事务并享有政府提供的各种福利。

迁入保留地享受政府福利对于习惯于追逐捕猎野牛的印第安人并不一定是好事。在阿尔伯塔省，一支叫 sharp head (尖头族) 的原

住民于 1885 年左右迁入划给他们的保留地，位于中部的战河
（Battle River）和狼溪（Wolf Creek）附近（约 110 平方公里），从此结
束了他们的渔猎游牧生涯。然而短短数年之后，这群人就死亡过
半，剩下的人迁出了保留地，这一族就被政府除名了。关于其中的
具体过程，有几个版本的说法。

官方的说法是，1886 年到 1893 年之间这群居民遭受了天花、
粮食歉收等多种灾害，损失了一半左右人口。幸存的族人陆续迁到
了其他部落的保留地，这一部落就被政府除名了，其保留地随后被
政府收回并分给欧洲移民者建造房屋。[①] 其他版本的说法是我在跟
当地人交流过程中得知的，网上也有一些。部分尖头族后裔认为是
政府给这群居民提供了感染病毒的毯子和霉变的粮食（使他们生
病），有意使他们灭族。而还有一种说法是，迁入保留地的尖头族
人根本不会种地，加上那些未开垦过的土地很难伺候，所以很快粮
食歉收，生活困难。此时政府负责处理印第安事务的官员来谈判，
大意是要他们同意跟另一族合并并交出保留地，政府就给他们粮
食。愤怒的族人一气之下杀了这个政府官员，然后政府就血洗了这
个保留地。出去到其他部落探访亲戚的族人回来之后，发现原来的
家园如同蒸发一般，亲人也全部消失，于是无奈地分散到其他 15
个附近的部落里。总之这个故事最后的结局都是 Sharp head 这一族
消失，保留地被政府收回，而这群人的短暂历史也逐渐被遗忘。

1965 年，一家电力公司架设线路时在战河附近发现了墓地和
人骨遗存。一般有人骨发现先通知皇家骑警，警察确认了与刑事案
件无关。随后阿尔伯塔大学的教授（就是我们系的老前辈）对墓地
和人骨进行了鉴定，确认是属于当年生活在此的尖头族人的墓地。
之后大学里的专家们对墓地进行了发掘，清理出 26 具遗骨。这一
发现当时在原住民中引起了很大的轰动，那一段已经被遗忘的历史
又被提起。当时有关的部落要求遗骨被原地埋葬，并且相关地方的
建设工程要停止。但是土地的所有者拒绝了这个要求，于是就不了
了之，遗骨被运回大学存放。2007 年在附近的地方又发现人骨，

① http：//www.edmontonsun.
com/2014/10/19/remains-of-28-
bodies-find-final-resting-place.

被发掘之后一同存放到大学。两次发掘的遗骨共计 28 具，这就是要返还的这批人骨的来源。

(二)谈判与返还

这批遗骨在大学存放了半个多世纪，在上考古或者人骨研究的课程时也没有人提到这批材料，为什么突然间要返还了？Pam 老师讲，这中间曲折的故事几乎可以拍电影了。

自 1965 年第一批遗骨被发掘出土之后，就陆续有尖头族的后人提出返还要求。但是当时缺乏相关的法律支持（美国的 NAGPRA 也是 90 年代才出现），墓地所在地的土地所有者也拒绝遗骨在原地重新安葬的要求，事情就一直拖着，拖了几十年也逐渐淡忘了。2007 年第二批遗骨发现之后，此事引起了省政府的关注。此时美国的 NAGPRA 已经实施十多年，加拿大政府虽然没有类似的专门法律，但是在处理印第安人遗骨和遗物的事情上也大致是按照这思路来的——即处理权归相关的后裔。省府和大学开始安排相关人员与尖头族的后裔沟通，商议返还事宜。

对于大学来说这批遗骨显然不是一般意义上的研究材料，而是烫手的山芋。尤其是在第二次发掘之后，信息扩散很快，很多印第安居民都知道了这件事。这些骨骼是很难拿去做研究的，因为他们的族属很明确，按照科研伦理道德要求，必须要征得相关人员的同意才能对其研究——没有人愿意去惹这个麻烦，因为这些人的后裔分散在 15 个部落里，必须征得全部同意才行。大概没有研究人员愿意把精力耗费在这些谈判上，尤其是这批人的死因和政府还有说不清的关系。除了不能研究之外，大学还要对遗骨进行妥善的保管。15 个部落的后人经常会来祭拜或举行纪念仪式，大学还必须给他们提供合适的环境来举办仪式，我们系 14 楼的会议室也曾作为仪式场所。十几个部落的人经常来祭拜，对于大学来说也是个头疼的事情，最好的解决办法还是交出去。

遗骨返还仪式场地远景

　　返还也不是容易的事。这些人的后裔分散在 15 个部落里，想法和目的各不相同。有些人是希望先祖遗骨入土为安的，然而也有人反对。这也是很奇怪的事，Pam 老师说这中间涉及很复杂的利益关系。原住民与政府之间的矛盾一直未能解决，有一些人想以这些遗骨为筹码跟政府谈判争取更多的利益。这些反对掩埋的人认为他们的先祖是被政府毒死的，要求大学里的专家对此进行鉴定，以揭露政府当年的暴行。一旦遗骨被埋葬，这些可能的证据就永远失去了。

　　种种情况之下，谈判居然进行了六七年之久，最后的结果是 11 个部落同意遗骨返还并重新下葬，还有 4 个部落坚决反对。最后政府看这个样子是不会再有什么进展了，于是决定开始实施返还下葬计划。

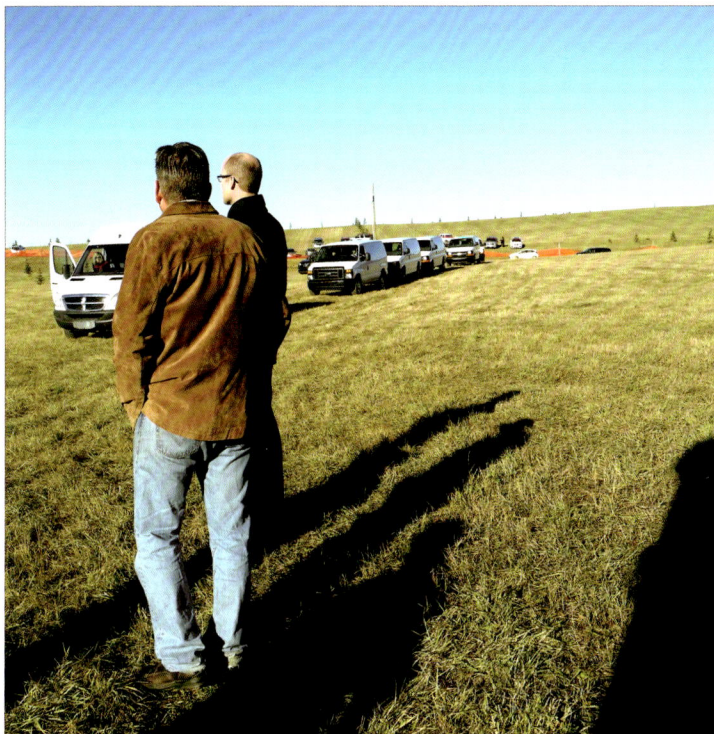

运送遗骨的车队

2014 年 10 月 17 日，星期五。志愿者们一边听 Pam 老师介绍这背后的历史，一边签了一份告知书。告知书的内容没有细看，大致说的是安全注意事项。Pam 老师说这些告知书都是形式，最重要的注意事项是：活动过程中可能会出现抗议人员（因为还有部落没有同意这个计划），甚至可能会出现冲突。如果有这些情况出现，放下东西躲到一边，不与抗议人员有任何形式的接触，因为我们只是志愿者。这些话让我们着实有些紧张，尤其是看到外面还来了不少穿制服的校园警卫和警察。

随后志愿者们集中到学校外面一辆白色货车厢里，在一个原住民长者的指导下进行了简单的仪式。长者在一个小铁勺里点燃一团香草，每个人用双手捧住香草燃起的烟向上下左右四个方向各挥一下，这大概是一种洁净仪式。仪式虽然简单，但是长者那严肃的表情确实让我有些紧张，更加担心后面是不是还会有什么意外的事情发生。仪式过后我们开始将遗骨从校内搬到校外的车上。

遗骨就摆放在我们系所在的 Tory Building 二楼一间屋里。28 具遗骨分别放在 28 个崭新的杨木做的长方形箱子里，箱子摆成环形，下面垫着白布。系主任说是昨天刚举行过仪式。志愿者们每两人将一个箱子从二楼抬到停车场倒不是很困难的事，每个箱子四周都有捉手的绳环，箱子也不是太重。关键还是紧张的心情，除了担心突然有人冲出来喊 stop 之外，也生怕下楼梯时箱子磕着或者碰着。除了我们几个学生志愿者之外，还有几个年轻的原住民也参与了这个活动。因为人多，整个过程就持续了半个小时不到。幸运的是，居然没有任何事情发生。遗骨随后被运出学校，计划第二天安葬。

这件事在学校也是一件大事，由副教务长负责，学校的博物馆

举行仪式的帐篷（地面上白色木箱盛放遗骨）

处和人类学系具体运作。早晨活动开始之前副教务长专门来打了个招呼，说直到昨天晚上他心里才有八成的把握。系主任说这些遗骨虽然暂时离开了学校，不到明天入土，她心里还是不会踏实。万一到时候在现场有人阻拦，这事就又得从头再来，遗骨可能还得拉回来。

(三)遗骨的安葬

2014 年 10 月 18 日，星期六，今天是返还遗骨的安葬时间。昨天活动结束后 Pam 老师问有没有人愿意继续做志愿者参加安葬活动，需要自己开车到南边一百多公里的地方。这个事情连曾经在美国做过几年考古的女生 Lacey 都觉得机会难得，我自然也不能错

举行仪式的印第安族人

告别仪式（左上角为掩埋遗骨的坑）

过。最后 Lacey 和另外两个女生还有我报名参加，其中一个女生答应开车一起去。

遗骨安葬的地点是在南边的 Ponoka 县附近。省政府在原尖头族的保留地范围内划定了一块未曾开垦或者扰动过的土地，用来安葬这批遗骨并方便其后人祭祀。我们按照路线指引到达目的地时是早晨9点左右。缓缓的山坡上是碧绿的天然草场，一股牲畜粪便味道伴着深秋略带寒意的晨风扑面而来，与喧闹的市区或者安静的校园完全是截然不同的体验。

临时指定的停车场不远处已经搭起了两座大帐篷。停车场附近已经有四五个人在那喝咖啡聊天，打听之后知道他们分别是省政府、省文化厅等部门的工作人员，其中有一个是跟我同一年入学的加拿大女生，已经硕士毕业在文化厅工作，算是熟人了。随后省公园管理局的工作人员也来了，公园管理局的制服很威风，有点像警察，他们负责各种遗址公园或者自然公园的管理。这几个人刚见到我们都有点紧张，跟我们打招呼时首先问是哪个单位的。得知我们的身份后，他们算是比较放心了，说 We are on the same boat（我们是一伙的）。看来政府各部门对此事都很重视，也很紧张，因为毕竟还有几个部落的人持反对意见，而原住民事务一直是个令政府头疼的问题。一旦这些反对者到现场抗议，这事就得停下并重新回到谈判桌上了——和任何一个部落发生冲突可能都会导致很恶劣的社会影响，哪级政府都不敢冒这个险。

在我们聊天的过程中，各方面的人陆陆续续到来并聚集到帐篷周围，政府工作人员都开始到不同地方履行自己的职责，我们志愿者也按照老师的指引开始干活。志愿者此时的任务是在帐篷内外布置桌椅板凳。一辆豪华大巴车来回穿梭，将不同部落的印第安长者们送到现场。桌椅都是为这些长者们准备的，他们大多老态龙钟，很多人走路都不方便了。保留地里安逸的生活使他们无论男女个个都严重发福，且都是烟不离手，已然看不到当年驰骋于北美大平原和山林中的猎人风采，只是脸上印第安人那种独有的沧桑特征十分明显。有一个来自美国蒙大拿的印第安人叫 Dian Buffalo。印第安人的名字大部分都和各种动物有关，比如 Sitting Bear，Running Rabbit等，跟他们的游猎传统有关。这个美国印第安人很热情地给我们介绍说，到场的长者大多来自 Nakota 和 Cree 这两个语系，分属于不同的小部落。学校里除了系主任、Pam 老师和我们几个志愿者之外，还来了主管此事的副教务长、博物馆处的印第安人处长和另一个印第安人女老师。女老师的名字很好记，叫 Tracy Bear，经常在学校举行原住民文化事务有关的讲座。副教务长和博物馆处长还专门穿上了具有一些原住民特色的服装，不是电视上所见那种花花绿绿插羽毛的，而是在袖子和肩部等处各有几根皮质长飘带。有意思的是，在场的几十名印第安长者和其他年轻的族人却没有一个人穿民族服装，因此这两个人就看着有点特殊。现在印第安人对身份和部落的辨识有了新的方式：很多部落都设计了自己的标志（一般都是以石器、动物、森林等为主题），并将部落名称和大大的标志印在夹克或者套头衫上，这些衣服也算是他们的文创产品之一。

帐篷边上就是一个长方形的坑，约一百平方米，两米的深度，坑底有小旗标了位置。我以为是一个考古发掘现场，有人告诉我说那就是重新埋葬遗骨的地方。

接下来就是等着学校运送遗骨的车队到来，然后开始仪式。近12点，学校车队依然没到，倒是又陆陆续续来了很多印第安族人。每次有车一出现，大家都很紧张，生怕下来的是气势汹汹的抗议者。很快现场已经有了三四百人，近百台车。广阔的草地上突然聚集这么多人还是比较壮观的，让一架路过的直升机在上空盘旋了很久才离去。此事事关重大但是性质特殊，政府并没有过多宣传以免引起不必要的麻烦，因此很多部门可能还不清楚情况。现场那么多人也没有见到媒体人员。

快到下午1点，学校的车队终于出现，在帐篷附近一字排开停下。一个负责仪式的长者拿着小勺燃着香草在大坑附近一个小帐篷里走了一圈，完成了简单的清洁仪式。随后长者招呼男性志愿者来帮忙将装有遗骨的箱子从车上抬下来放到帐篷里，抬下车的木箱要在燃着香草的勺子上经过。参加抬箱子的人几乎都是印第安族人，有两三个白人，再就是我。现在的 DNA 研究确认了印第安人和东北亚居民的亲缘关系——Ben 有次开玩笑说你到加拿大上学算是走亲戚来了。确实我们黄皮肤黑头发跟印第安人还有很多相似之处，但是他们魁梧的身形和粗犷的脸型却和我们还是大不相同的。我站在这群"远亲"中间显得很另类，大概他们也想不到会有一个中国人出现在仪式上吧。

在长者的指挥下，下葬仪式很快就开始了。这个仪式并没有我们在市中心看到的原住民表演那么花哨，没有民族服装，只有手鼓和歌唱。几个年轻人一边敲着手鼓一边用他们自己的语言开始吟唱。悲壮的歌声间或夹杂着凄凉的呐喊声，这是印第安民族音乐的

节日上盛装的印第安人

特点,电影《最后的莫西干人》的配乐就是这个风格。虽然完全听不懂,但是也能明白他们的歌声应该是在倾诉一段悲痛的历史,印第安人失去家园和猎场的历史。歌声鼓声在广阔的草场上并无回声,也显得孤独,愈加悲凉。人群中有长者也跟着吟唱,身边一个穿着学校文化衫的中年女性泪水刷地就下来了。看她的面孔显然也是原住民后裔,大概她的祖先也是一百多年前那场灾难的受害者之一吧。

歌唱过后开始放置遗骨入坑,系里老师说这是他们族人的事,我们就不要参加了。于是我们就站在人群中看着族人们将一个个木箱抬下去,按照红旗标示的位置放好。整个过程很简单,也没有出什么状况。随后又是一段仪式:Nakota 和 Cree 两个语系的族人分

节日上盛装的印第安人

别在墓坑的两边围坐成圈，圈中间一个长者用很低沉的语气和他们自己的语言讲述着什么，看样子似乎也是在讲述他们自己悲壮的历史故事。这个过程比较漫长，一个多小时后长者拿出一根长的烟斗，围坐的人传着每人吸一口，这个仪式算是结束。

政府工作人员拿来一堆毛毯，给参加仪式的每个长者都发了一块，大概是对他们的支持表示感谢。现场所有的人，包括原住民、各部门官员、志愿者以及附近来看热闹的群众排队绕墓坑走了一圈，整个复葬仪式最后结束。

　　随后志愿者们又帮忙从另一辆卡车上搬下食物和水，再次布置桌椅。族人们要开始举行宴会了，掩埋工作大概是要到宴会结束之后再做，这期间可能还会有族人过来祭祀。此时时间已近下午 4 点，系里老师终于安下心来，Pam 偷偷地做了一个很豪放的表示终于解脱了的动作。她说接下来的活动就是宴会和各种庆祝，大概要持续到晚上七八点，我们要是想走就可以走了。这样的庆祝和宴会显然与我们无关，我们参加也非常的不合适，于是大家就驱车返回学校了。

（四）后话

　　除去之前数年的谈判，整个返还和安葬过程并没有想象中的那么紧张，仪式也十分简单。半个多世纪之后，这 28 具遗骨终于算是离开了大学库房，又重新被安葬在地下。所有相关人员从政府到大学再到原住民的各族人，都是彻底地松了口气。然而那些悲伤的故事和传说并不会被埋到地下，他们将在印第安人中间代代相传。

　　尽管政府在社会福利方面给予原住民各种优待，但是这并不能掩盖一个残酷的事实——这片土地上曾经的主人现在已经沦为被救济阶层，而占领他们土地屠杀他们祖先的白人却成为主人。大概每个印第安人都不会无视这样的事实，因此他们和政府的对立情绪也是天生并代代相传的。印第安原住民的现状并不是很好，在这繁华的北美大陆上，他们那些星星点点散落各地的保留地显得十分黯淡。走在自己曾经的家园里，他们如今倒显得很另类。文化的冲击和现实的落差给他们带来了很大的困境。不可否认有的原住民通过各种途径找到并适应了自己新的社会角色，但是绝大部分人，尤其是年轻人，似乎在逐渐迷失。大街上浑身酒味的流浪者，走路摇摆嘻哈风格十足的街头青少年，很多都是原住民。

　　2013 年 3 月，一群 Cree 族的年轻人从魁北克出发，在冰天雪

① http：//www.the-peak.ca/
2013/03/first-nations-youth-deserve-
more-attention-than-two-pandas/；
http：//www.huffingtonpost.ca/2013/
03/25/nishiyuu-journey-ends-ottawa-
harper-pandas＿n＿2950643.html；
http：//www.vice.com/en_ca/read/
stephen-harper-likes-pandas-more-
than-idle-no-more.

地里步行两个月1600多公里到达渥太华的国会山，要求面见当时的总理哈珀为他们的族人争取权益，然而哈珀却选择了去机场迎接中国送来的大熊猫。①这在一定程度上反映了原住民在现今北美社会中所处的尴尬境地——他们内心深处对现状是不满的，然而很少有机会通过政治途径来维护自己的权益，于是只能采取这些看起来比较幼稚的方式，却很难起到作用。回看这片土地上一万多年的印第安人历史，令人唏嘘，不知道这支风格独特的文化还能够延续多久。

美国的遗址盗掘活动：
反思考古学家的职业道德

　　说美国是世界上考古学理论和方法的最前沿应该不会有太多学者反对，但是美国似乎很难和盗墓活动猖獗联系起来。我们听说的盗墓活动大多是和中国、埃及这样的文明古国联系在一起的。印第安人的文化虽然在北美大陆上发展了上万年，但是他们的物质文化遗存历来以石器为特色，似乎并没有很多令盗墓贼觊觎的遗物（如金属器、玉器等）。漂洋过海而来的欧洲人留下的遗物年代就更晚了，似乎也没有特别罕见的东西，也很难成为盗墓者的目标。这些其实也是我自己最初的认识，然而这些想当然的认识后来被 *American Antiquity* 上刊登的一篇文章彻底推翻。

　　这篇文章题为"Looting of the Fort Craig Cemetery：Damage Done and Lessons Learned"（Craig 城堡墓地的盗掘及思考）讲述了一起发生在美国的盗墓案件以及引起的相关思考。[1]文章的背景材料中介绍了一些美国的盗墓情况：美国国家公园管理局统计，2004 年发生的文物和化石被盗案件 20000 起，比两年前增长 46%，例如，犹他州的 San Juan 县有 2 万处考古遗址，90% 以上都有被盗掘的痕迹；新墨西哥州 Caballo 水库附近的 117 处考古遗址 30% 有盗掘痕迹。非法文物交易也随着互联网的发展而明显增加，印第安人遗物以及美国内战时期的遗物在市场上价值不菲。例如在 1995 年，一些印第安陶器可以卖到 40 万美金，部分罕见的石器可以卖到 1 万美金；一个内战时期的皮带扣价值 13000 美金，而一枚崭新的制服扣子则可能卖到 4000 美金（这是 20 年前的价格，已经十分离谱，现在的价格可能是天价了）。美国昂贵的文物市场价格不仅使更多

①　Hanson，J. R.：Looting of the Fort Craig Cemetery：Damage Done and Lessons Learned. *American Antiquity*，2011，76（3）：429-445.

的传统盗掘者趋之若鹜，为了筹集毒资的吸毒分子也加入到盗掘文物的行列中来——如此严重的盗掘情况确实让人意外，也刷新了我对美国文化遗产保护现状的认识。

文章具体所讲的 Craig 城堡墓地的盗墓案件是一个很长的故事。Craig 要塞位于新墨西哥州 Socorro 小镇附近，建于 1854 年。1862 年，包括加州、科罗拉多州和新墨西哥州的民兵组成的联合军队与德州联盟武装在此展开混战，即美国内战中著名的 Valverde 战役。联合军队以死亡 100 多人的代价守住了要塞，阵亡士兵就埋在附近。该要塞在其后的多场战争和冲突中一直是重要的军事据点，直到 1885 年才被彻底废弃。这个要塞和周边的土地在 1981 年被一个公司拍下并捐给了政府，由美国土地管理局（Bureau of Land Management）负责管理。文件记载，1878 年要塞附近的墓葬（主要埋葬的是 Valverde 战役殉难者）被迁往另一处位于圣塔菲的国家军人墓地，其后的墓葬于 1886 年被迁到位于华盛顿的国家公墓。

2004 年，一个历史学者到相关政府部门报告说，他 20 年前在一个朋友家里看到一具内战士兵的遗体。遗体穿着内战时期的制服，根据残留的头发和皮肤判断应该是非裔士兵，即俗称的野牛兵（Buffalo Soldier，原住民给非裔美国士兵起的绰号）。据他朋友说这具士兵遗体是 70 年代左右在 Craig 要塞附近挖到的。随后政府部门派人到 Craig 要塞附近进行调查，在以往墓地的位置又发现了几个近期盗洞。而此时那个盗墓者（历史学者的朋友）已死，其所藏遗体的出土位置也就无从得知。有一件事是肯定的，那就是尽管要塞附近的墓葬经过两次迁葬，肯定是还有遗漏的（至少有一个）。

执法人员、历史学家、考古学家联合对此事进行了漫长的调查，后来找到了盗墓者所藏士兵遗骨的头，但是躯干仍然不知所踪。执法人员对盗墓者的住所进行了搜查，那里的场景让在场的人都大吃一惊：院子一角堆着上千件陶瓷片，车库中几个箱子分别装着从不同要塞（包括 Craig 要塞）挖出的扣子，屋后堆着大量铁器，包括内战时期的弹壳等遗物。另外车库墙上挂着自制的筛子，桶里还有明显是挖出来的土、陶片、骨头等遗物。这显然是一个盗掘者的巢穴，不过执法人员只收走了确定与 Craig 要塞有关的遗物（其他遗物不能确定来源，搜查令只批准没收案件相关遗物）。在这里并没有找到相关的遗骨，不过却发现了一些国家档案局的信件，原来盗墓者曾向档案局写信查询 Craig 要塞等地的地图和墓地资料。

2005 年考古学家开始对 Craig 要塞的墓地进行再次发掘：一方面是为了找到一些证据来证实所发现这具遗骨的身份，从而结案（涉及盗掘尸骨的案件是很严重的刑事案件）；另一方面是找到可能遗漏的士兵遗骸，并将他们迁葬到合适的地方。这次大规模的发掘还动用了挖掘机，美国人对此并不避讳，文章中还配有挖掘机挖墓的图。经过数年的发掘，考古学家们找到了几十具遗漏的完整骨骼或者残骸。2009 年，所有遗漏在这个地方的士兵和平民遗骨被重新安葬到圣塔菲国家公墓。

文章花了很长的篇幅来讲中间的调查和考古发掘过程，但其重点却是在讲考古学家跟这起案件的关系。在调查初期，一名参与调查的探员直言不讳地对当地考古学家说，"知道吗，你们才是始作俑者"（You know，you guys are the problem）。这个探员说很多考古学家为了避免麻烦并不愿意协助执法部门调查这类案件，另外还有一些考古学家和专业人士参与到非法盗掘或者倒卖文物的案件中来。文章随后转到讨论考古学家与私人收藏家之间的关系上来：收藏家需要考古学家对他们的藏品做鉴定，而考古学家与收藏者建立关系可能获得一些有用的信息，有时候可能就会对一些非法盗掘行为视而不见，间接地帮助了盗掘行为。

具体到考古学家在 Craig 要塞盗掘案件中的角色，相关的内容是插叙在发掘过程之中的。这个盗墓者是退役空军士兵，他熟知当地考古圈，不仅参加各类学术会议，而且还发过多篇文章。很多考古学家都知道他从事收藏活动。其中有一个考古学家很可能与他的非法活动有直接关系，其他人可能并不知道其收藏活动是否合法。他还曾与几个考古学家交换信息并帮助他们发掘。至少一个考古学家和两个历史学家知道他在 Craig 要塞的盗掘活动，但是并没有人向有关部门举报。这个案件中考古学家与私人收藏家之间的关系就很复杂。这个盗墓者，也是收藏家，很显然在混迹考古圈的时候获得了很多文物或者遗址的相关信息；而考古学家却对他的可疑行为视而不见，甚至有人直接参与。

文章的主题实际是讲考古学家的职业道德问题。美国的考古学家们也早就意识到了这个问题，1996 年美国考古协会（Society for American Archaeology）明确指出考古遗物的买卖导致美国乃至全世界考古遗存的破坏，考古学家一定要避免参加一些突出文物商业价值的活动。美国职业考古学家注册管理部门在其"职业道德及操作标准"中指出：考古学家禁止参加任何与考古有关的非法或者不道德的活动，也禁止允许别人借用自己的名义从事此类活动。作者在最后说如果考古学家和相关专业人员不能履行职业道德，则将失去公众信任，与游走在法律边缘的收藏者没什么差别。

这个故事情节很精彩也很曲折，但是作者的态度也很严肃，当然最后的结语中也看出几分无奈，毕竟履行职业道德是要靠自律的——看来这在美国考古界也是个问题。前面介绍了美国的这些无奈现状，最后还是要转到中国的情况的，有对比才会有思考。

在中国，考古学界的前辈们一直强调考古人不藏古、不买卖古物，也就是说考古从业者要和收藏划清界限①，我们也一直从老师口中聆听这样的教诲。但是现状很尴尬，没有任何一条法律或者规定将此定成铁规，更尴尬的是我们有不断升级完善的技术操作规范却没有成文的职业道德规范。至于考古人员从事收藏活动或者参与收藏有关的活动，大概每个地方都能找到一二，或者说每个人身边都有例子（此处不能太细致的展开，以免有影射之嫌）。这中间有没有什么灰色的内容，大概也只有他们自己知道了。

或许有人会认为，中国与美国的情况不同，中国的考古学家要么是大学教授，要么是政府所属科研机构人员，都有各自所属机构的监管，不需要再考虑行业的职业道德规范问题。然而现实并不

① http://www. kaogu. cn/cn/kaoguyuandi/kaogusuibi/2014/0102/44885. html.

乐观，考古专业人员直接介入到非法盗掘文物的案件并不少见：例如中华人民共和国成立以来最大的古文化遗址和古墓葬盗掘案件，即红山文化遗址案件①，以及 2014 年发生在西安的有考古专业人员直接指导的古壁画墓盗掘案件②。至于间接介入的或者说对可能的违法行为置若罔闻的，恐怕也不在少数。这些涉案的专业人员绝非不懂法之人，这说明了法律的震慑和相关机构的监管并不能遏制他们的监守自盗行为——因此在法律和监管之外，职业道德教育也应该得到重视。

然而，在一个行业高度重视职业技能水平的大环境下，很少有人去关注或者探讨职业伦理道德的问题，至少在中国的考古行业目前是这样。即便是专门写这样一篇探讨考古行业职业伦理道德的文章，也是很难找地方刊发的（我自己曾经尝试过）。大概是编辑觉得这种内容太过空洞，远不如刊发一篇简报或者新闻稿有价值？抑或是大家有意回避这个问题，认为这个问题根本就没有讨论的必要？

2016 年 5 月 25 日浏览一个菲律宾大学办的考古期刊 *Hukay*，发现一篇书评。所评的书叫 *The Transforming Ethical Practice in Philippine Archaeology*。根据书评作者的介绍，该书的作者 Pamela Faylona 提出菲律宾的考古学家的职业伦理道德问题应该得到重视，并且呼吁大家共同努力制定一个比较规范的考古学家行为准则。③因为书中一些谬误，有人在网上撰文称之为"bad research"④。我对菲律宾的考古是完全不懂，也不准备去仔细地研读这本书。但是这个话题的出现却是值得我们去思考的，什么时候我们中国的考古学家也能够把 ethics 这个问题提到桌面上来认真的讨论？

① 人民网报道见：http：// society. people. com. cn/n/2015/05 27/c1008-27061703. html.
② 华商报报道见：http：//hsb. hsw. cn/2014-12/31/content_8560 893. htm.

③ Al Parreno：Review of "Pamela Faylona. 2010. *The Transforming Ethical Practice in Philippine Archaeology*. Madrid，Spain：JAS Arqueologis S. L. U. 193 pp". *Hukay*，2012(17)：124-126.
④ http://elson. elizaga. net/archaeoethics7. html.

我们决不让步
——加拿大古遗址保护者的声音

① Hanson, J. R. : Looting of the Fort Craig Cemetery : Damage Done and Lessons Learned. *American Antiquity*, 2011, 76(3): 429-445.

从前文引用的"Looting of the Fort Craig Cemetery: Damage Done and Lessons Learned"这篇文章中①，我们可以窥见美国的古文化遗址和墓葬盗掘情况也十分严重，文化遗产保护现状并不乐观。那么在其北边的邻国加拿大，一个与北极熊为邻、以友善闻名世界的国家，又是一个什么情况呢？

有几个同学曾经在考古公司工作过，也有几个毕业之后去了考古公司，在跟他们的交谈中，并没有发现加拿大在文化遗产保护这方面有多么尖锐的问题。整体上大家都比较遵守法律，各种工程建设之前进行考古调查或者发掘（主要是在政府所有的土地上，私人土地的情况有所不同）。这倒不是说他们有意掩盖一些不好的事实，毕竟在信息发达的现代社会，如果有类似的问题是很难完全掩盖的。加拿大疆域广阔，人口稀疏，古文化遗址分布并不密集；加上早期印第安人的一些聚落遗址都分布在浓密的原始森林中，一般很难受到工程建设的直接影响。因此工程建设与文化遗产保护之间的矛盾并不是特别突出，双方基本上可以和谐共处。但是在城市或者其他人口密集之处，文化遗产保护与基本建设的矛盾仍然是存在的，2014 年发生在加拿大 Gatineau（加蒂诺）市的一个事件便是很好的案例。相关的信息在多个网站上有报道②，下面简单梳理一下这件事情的脉络。

② http://digventures.com/2014/09/we-will-not-be-moved-say-archaeological-protesters/; http://ottawacitizen.com/news/local-news/protesters-defy-gatineau-mayors-request-to-vacate-archeological-site.

加蒂诺市位于魁北克省西部，坐落于渥太华河边，与加国首府渥太华隔河相望，是魁省四大城市之一。市政府要实施一个投资 4300 万加元的滨江开发计划（waterfront re-development scheme），包括重新铺设道路，江边修建多功能旅游设施等基础设施建设。2014年5月，工人在修下水道设施时发现了古代遗物，市政府随后聘请考古公司跟进发掘。发掘工作于7月份结束，发现了一个印第安人的营地遗址，以及箭镞、刀、鱼骨、木钻等遗物，年代距今3500～3000年。据加拿大广播公司的报道，市政府聘请的考古公司在发掘之后认为"nothing in the dig would be considered sacred"（本次发掘没有特殊和重要的发现）①，政府随后在8月份对遗址进行了回填，准备继续施工。

① http：//www.cbc.ca/news/canada/ottawa/aboriginal-protest-over-gatineau-dig-site-taken-down-1. 2770050.

　　然而考古发现的情况一直被附近的原住民所关注，因为这个时期的遗存应当是他们祖先留下的。回填行为引起了他们的愤怒，当地和附近的原住民组成了遗址保护组织并随即占据了遗址，在上面搭起了帐篷阻止施工。抗议者们认为这个遗址对于了解原住民的历史有着非常重要的意义，这些文化遗物是他们祖先留下的珍贵遗产，此遗址相当于当地原住民文化的摇篮。仅仅几周的考古工作显然太仓促，这个遗址上还有更多的遗物没有被发掘出来，考古工作应该继续。而仓促回填是对原住民文化的不尊重。示威人群对遗址的占据一直持续到9月，显然让如火如荼的建设工程很是受挫。

　　政府有关部门说工程在开始之前已经咨询了周边的居民，然而原住民对此并不认可，他们认为政府完全是在暗箱操作。在示威活动40多天之后，政府终于采取了措施——发通知警告示威者马上离开遗址，否则立即动用警察来平息事端。遗址保护者们对此回应要求政府修改相关措辞，承认遗址的重要性，同时表示不会让步。随后政府果然出动警察驱散示威人群并逮捕了示威活动的领导者Roger Fleury，他是居住在保留地之外的Algonquin人（阿尔冈昆人，北美印第安人的一支）组织的首领。

　　事情到此似乎成了一个悲剧式的结尾，不过转折马上出现了。市长随后在新闻发布会上承认了这个遗址的重要性，并且同意由政府出资7万加元委托一家考古公司对遗址进行继续发掘和研究。同时政府将和原住民一起评估遗址的价值，邀请一名原住民以独立观察员身份参加后续考古工作。这些都是示威者提出的要求，看来最后还是政府做出了让步。

在这个事件中，遗址保护者也就是原住民的要求在我们看来也是非常合理的。他们并不是要求停止工程建设，而是要求继续考古发掘，弄清遗址的内涵。同时他们建议在此建设一个考古工作与旅游观光互动的项目（相当于我们说的考古遗址公园），而不是简单的填埋之后在上面铺路完事。从市政建设的角度看，如果能够建成应该也能为城市增加一处亮点。大概这也是为什么政府最后会让步的原因之一吧。当然，原住民的问题也一直是敏感问题，政府在这方面向来都是谨慎从事。

工程建设业主方与文物保护者之间的冲突对我们来说并不罕见。经常在一线从事基建考古发掘的同行几乎每个项目都会遇到类似的情况。然而区别最大的地方是：加蒂诺事件中文物保护者是和文化遗产有直接关联的原住民，他们的动机是为了保护祖先的遗产，是自发的；而我们所遇到的大多数情况中文物保护者往往是政府文物部门工作人员，保护行为很大程度上是出于职业责任。不可否认中国各地也有很多民间文物保护者，他们是出于对文化遗产的热爱而自发保护文物的，但毕竟还是少数。

我们经常能够看到人们为了保护自己的房屋而采取各种措施与拆迁队对抗——那是因为所保护的房屋是与自己有直接关联的财产，是有着深厚感情的。随手网上一搜，我们可以看到各地哄抢文物事件屡见不鲜——那是因为他们不认为地下那些千百年之久的文物与自己有什么关系，而纯粹是当做意外之财。当然如果是自己祖坟中的东西，肯定都是要不遗余力地去保护的。这一比较就能够发现一个问题，文化遗产保护的难题在于公众的保护意识不高，公众保护意识不高则是因为缺乏一个联系大众与文化遗产的感情纽带。因此，培养和提高公众的文物保护意识不能仅仅依靠于普及宣传相关法律，而更要关注历史文化知识的普及和历史感情的培养。

2015 年 6 月在郑州参加新任考古领队培训班时接触过不少年轻

的考古领队，很多也都意识到了这个问题并且在进行实践——比如走进当地中小学课堂宣传历史文物知识，开展考古遗址开放日活动解开考古和文物的神秘色彩等。这应该是个很好的方向，当然需要更多同行的广泛参与。培训班上北京大学雷兴山老师讲了他在陕西周原数十年的考古经历，他们在当地所做的各种实践也是向着培养当地人民的历史情感、提高人们主动的文化遗产保护意识这个方向去的，并且取得了很好的成果。

我们的系主任 Pam 近十年来在坦桑尼亚的 Iringa 地区进行考古研究的同时，也开展了一个文化遗产保护项目名为 Cultural Heritage in Iringa Research Program[①]。她们通过各种形式的宣传、培训、互动活动，使当地人们认识到了那些习以为常的洞穴、石头等都有着数万年或者更久的历史，在人类的发展历史上都有着重要的意义。同时不同层次的培训活动也培养了一些具备基础历史和考古知识的当地志愿者，使他们能够更有效地参与当地的文化遗产保护工作。这些活动已经取得了很好的成效，不仅得到了当地人们的欢迎，也真正地提高了当地人们的文化自豪感和遗产保护意识。当地资源匮乏，居民生活十分贫困，在这样的地区都能够唤起人们的历史情感和文化遗产保护的意识，那么这在我们中国也应该是可以期待的。

① http://iringaarchaeology. com/#chirp.

考古与酒

酒在中国文化中有着比较特殊的地位，酒文化在中国也可谓源远流长。中国最早的饮酒历史可以上溯到距今9000~7000年前的贾湖文化，更晚些时期的商周及以后遗址或者墓葬中不仅有大量酒具，甚至保存下来的酒也屡有发现①，这些发现都是考古学家作的贡献。

2004年和2005年中国考古学家的这些发现在国外高等级学术刊物如PNAS等得以陆续发表，不仅仅具有学术价值，更被有心者察觉到了经济价值。美国一家酿酒公司在2006年推出了名为Chateau Jiahu的啤酒，其网站上明确说是来源于中国河南9000年前的遗址，并且说是美国的Patrick McGovern博士(也就是前面所引两篇文章的第一作者)主动拜访酒厂并推出了这款古代酒品。②有意思的是，很多河南考古学家(更不用说贾湖的居民)都不知道在美国居然还有以大名鼎鼎的贾湖遗址命名的酒(大概是按照其成分来仿制的吧)，并且注册了商标。不知道这个美国人是否跟他的中国合作者沟通过这件事情。前面是说到考古与酒这个话题时突然想到的一点开场白，这篇文字并不是想讲跟酒有关的考古研究，这也不是我的专业方向。我想讲的是这几年在加拿大学考古时体验的他们的酒文化。

中国的考古同行大多善饮，不善饮的一般几年田野工作之后也都会有很大改善。这大概是我们的工作环境决定的，在一线和上自市长县长下至普通百姓沟通协调问题时，酒是个不可或缺的媒介。我自己也有过亲身体验，研究所前辈们很多平日滴酒不沾者在很多场合也都被逼地举杯痛饮(痛苦而不是痛快)。当然这几年八项规

① McGovern, P. E., Underhill, A. P., Fang, H., Luan, F., Hall, G. R., Yu, H., ... & Feinman, G. M.: Chemical Identification and Cultural Implications of a Mixed Fermented Beverage from Late Prehistoric China. *Asian perspectives*, 2005 (2): 249-275; McGovern, P. E., Zhang, J., Tang, J., Zhang, Z., Hall, G. R., Moreau, R. A., ... & Cheng, G.: Fermented Beverages of Pre- and Proto-historic China. *Proceedings of the National Academy of Sciences of the United States of America*, 2004, 101(51): 17593-17598.
② http://www.dogfish.com/brews-spirits/the-brews/occassional-rarities/chateau-jiahu.htm.

定出台之后这种情况少了许多。我在加拿大的朋友们以考古人士居多，有一直待在大学的好学生，有先从事考古工作又返回大学深造的社会人士（"社会人士"一词引自某中国同学对我的描述），也有几个已经毕业并从事考古工作的青年考古工作者，在跟他们的交往中对他们的酒文化也略有了解。两边相比之下，颇为有趣。

（一）加拿大美国同学的酒文化

饮酒在欧美也是比较普遍的现象，不论男女，但是年龄是一定要论的（未成年人禁止饮酒，向未成年人卖酒也是违法行为）。因此加拿大的考古同行善饮似乎并不一定和他们的职业有关联，应该就是一种生活习惯。我的同学和朋友中，除了一个很特别的 vegetarian（素食主义者），不饮酒不吃肉之外，其余无论男性和女性都是酒吧里的常客。

需要先说明的是，在加拿大，我的考古同学绝大部分算是外国人（美国居多，其次是英国，中国人就我一个）。因此在上学的头一两年，大家的生活圈都主要局限于学校和同学，一般两三个星期大家会相约到酒吧聚一次。其中美国同学 Ben 是最活跃的组织者，也是我认识最早的酒友。后来逐渐有几个已经工作的本地校友加入进来，聚会逐渐变得热闹，不过频率也低了。

喝酒的场所主要是酒吧。初次跟他们喝酒就让我感到了什么叫文化冲击（cultural shock）——大冬天冒着零下二三十度的严寒踩着吱吱作响的大雪钻进酒吧，先是一杯含有一半冰块的水，然后是冰凉的啤酒。什么？居然没有下酒的食物，居然都没有点烈得能够让自己暖和起来的酒么？事实就是这样，并没有我们熟知的下酒菜，冰啤酒也是不分季节的。酒吧里会有威士忌、伏特加、龙舌兰等烈酒，但是从没见同学们点过，似乎一般都是老人喜欢来喝两杯。大家就端着冰凉的啤酒开始聊天。酒吧里只有大厅和卡座（也是在大厅里），环境自然是非常嘈杂的，尤其是在有重要体育赛事的时候

(大家喜欢在酒吧里看比赛)。坐在同一桌子上的人说话基本是靠吼。在这种情况下，美国和加拿大、英国的同学们还是无障碍地谈笑风生，而我却是基本上处于静音状态。不仅仅因为他们吼的内容我只能听懂三四分之一，更重要的是听懂的内容也都是他们自己熟悉的话题，比如电影、游戏、音乐等，而文化背景迥异的我根本没法参与进去。除了尴尬还是尴尬，但是抱着体验他们酒文化的心态，我还是努力地参加每次聚会。这种情况大概两年之后才略有改善，大家的很多段子也能听懂一些，并且能够插进去自己的段子——很多笑话和段子在中英文中实际上是互通的，这个时候才慢慢地刷出一点存在感。

一般喝酒都是周五下午下课之后，这种时候美加同学们的优势就凸显出来了。在空腹喝下两三杯(相当于两三个 300 多毫升的小瓶)啤酒之后我就有点发晕了，而这在国内是从不会有的。我只能踩着大雪摇摇晃晃回宿舍，而同学们继续谈笑风生。经常在第二天听他们说居然喝到凌晨 3 点(下午 5 点开始)并且没有吃任何东西。这一点都不夸张，通宵喝酒在他们的聚会中是常有的事，可能是因为大家都喝啤酒的缘故吧。这点我确实要认输。相信如果大家都拿着中国白酒去喝，也很难有人撑到通宵。有些酒吧(pub，与 bar 有区别)里也兼有简餐厅的功能，会有一些食物。同学们喝酒时偶尔会点自己的食物，但是我从没有觉得那些沙拉、汉堡或者薯条之类的食物可以用来下酒。

当然酒吧里也有一些下酒的东西，主要是针对烈酒。我们曾经试过，其实就是盐和柠檬。这是一个比较有趣的小故事。校园里有家酒吧叫 Hudson(后来经营不善换了品牌)，是我们最常去的地方。在大厅喝酒的时候经常会听到嘟嘟的重低音警报声，头顶的黄色警灯跟着闪两下——我们最开始时真以为是火警或者什么紧急情况，奇怪的是大家都不动也不紧张。后来听熟悉的加拿大同学说那是地下层有特殊活动(special game)，这个自然是要去试一试的。地下层也是一个大厅，灯光更加昏暗，所谓的 special game 其实就是喝烈酒。烈酒也就是 40°左右的纯伏特加、龙舌兰或者威士忌等。用小杯，一杯叫一个 shot，一口喝尽。英语中 shot 正式的意思其实跟酒一点都扯不上关系，不知道怎么就用来指代一小杯烈酒了。我觉得最贴近的可能就是因为这种烈酒入口的感觉跟挨了一颗子弹差不多吧。看他们喝一个 shot 的姿态虽然豪爽，但是表情的确比较痛苦，这大概也是很少见他们喝烈酒的原因。

这家 Hudson 酒吧的 shot 还颇有点讲究：酒杯不是端在手上的，而是四个酒杯一排卡在一个滑雪板上的四个孔里，非常的加拿大。服务生会给挑战烈酒的人准备一碟柠檬片和一碟盐，四个喝酒的人先在自己左手虎口抹盐。接下来，大家先舔一口盐，右手一起托住滑雪板对准自己的酒杯，动作协调一致之后一起举板(杯)仰头一饮而尽，然后迅速放一块柠檬片入口。整个动作一气呵成，与此同时服务生摁按钮闪灯响警报——原来这是向挑战烈酒的人表示祝贺，酒吧里马上也会有人大声喝彩或者鼓掌。这一小口烈酒对于我们习惯二锅头的中国人根本没有感觉，因此这样的仪式曾经让我和中国同学们私下嘲笑了好久，但是也颇有点想念那种仪式感。可惜这家酒吧已经易主，再没有这样的 special game 了。

喝酒也是会有节目助兴的，尤其是大家准备喝上三五个小时的时候。不过他们的节目确实让我难以接受。还是在这家酒吧的地下层，周一特别供应一块钱一小杯的扎啤。一般三五个人去点上三四十杯放满桌面，价格适中，气氛也比较热烈。那一天和美国同学 Ben 还有两个加拿大女同学一起去体验这个活动，喝到一半我问他们有没有什么跟酒相关的节目，他们回答说有。看着一桌子啤酒他们介绍的第一个节目是 beer pong(啤酒乒乓)：喝酒的人分为两组，一组拿着乒乓球在一定距离外投向桌上的杯子，球入杯子之后对方要喝掉杯中的酒。这种节目显然不适合酒吧这种狭窄的空间，于是他们又介绍了一个 bouncing quarter(跳硬币)：拿出数枚 25 分的硬币(quarter)，一枚硬币砸在桌面上然后弹起落下，落入谁的酒杯谁喝酒。于是大家很快开始了这个节目，但是不久我就发现了一点尴尬的地方。先不说兜里掏出的硬币是否干净，那些掉到地上的硬币也是直接捡起来然后再扔，掉进杯子里就得喝酒。经常是杯子底有三五个来自不同人兜里的并在桌上地上弹跳过好几轮的硬币，然后还得喝完杯子里的酒。这点我觉得绝大部分中国人，无论是否喝酒，应该都是很难接受的(我也咨询过中国同学，他们均表示难以接受)。他们的豪放我实在不能适应，但是也不好明说，所以我就给他们介绍中国的节目猜硬币(猜有无或者猜个数)。大家很快觉得这个比较容易操作并且不用到昏暗的桌子底下到处找硬币，然后就没有再扔了。

Beer pong 跟 bouncing quarter 是北美两个比较常见的饮酒节目，当然一般都是喝啤酒时玩的。喝红酒的场合显然不适合这些游戏，不过喝其他烈酒时据说有人玩过。相比之下，中国诸如猜拳之类的饮酒游戏，虽然喧闹，但是还是比较卫生的。北美的朋友们对卫生这个事情似乎看得很淡，相信很多人都有体会。大家后来玩着猜硬币的游戏看着周边刚结束期末考试的本科学生们尽情地享受着啤酒，他们制造的狂热的气氛让我们几个研究生很有点不自在。很快就看到一个年轻的女生不胜酒力，扶着楼梯几乎是爬行一般地出去了，不知道她会怎么回家。这样烂醉如泥的人在周末或者节假日晚上很常见，给治安也造成了一定的困扰。

(二) 传播中国的酒和酒文化

在学习他们的考古与酒文化之时，我自然也不会忘记传播我们自己的相关内容。第一个给他们宣传的是红星二锅头。

系里之前有一个学宗教学的硕士(西安人)曾经也尝试过，不过给加拿大同学们留下了严重的心理阴影。2012 年上半年一个考古学专业的硕士 Gab(加拿大人)毕业，这个中国同学祭出一瓶白酒向他表示祝贺。加拿大同学第一次尝试白酒，觉得风味独特，于是两人愉快地喝完了这瓶酒并且醉了。天色已晚，两人跑到系里的平原考古研究所(Gab 是研究所的学生，有钥匙)睡到地板上过了一夜。第二天早晨所长 Jack Ives 教授打开门看见地上躺着两个人，还有一个不认识。Gab 同学说不好意思，我和朋友喝多了昨晚在这睡的，所长惊愕地说，"你们俩昨晚 sleep together"？当然所长是故意开玩笑的。这事后来很快就传遍了系里，再跟那个加拿大同学说起喝中国白酒，他都面露惧色，于是我就把目标转向了美国同学。

2013 年的复活节，美国同学 Lacey 邀请我们到她家去过节。这种情况下自然是要带点小礼物的，于是我就去买了一瓶红星二锅头。参加聚会的有很多认识和不认识的人，有人带着酒，有人现场调制鸡尾酒。饭后聊了一会天，我又发现自己的频道跟不上他们的节奏了，于是就准备回学校。Lacey 说你带的酒我们还没有尝过呢，先喝一杯再走吧。于是她从冰箱里拿出那瓶二锅头和几个小杯子，每人倒了一杯，冰过的 56°二锅头入口凉丝丝有点甜。我喝完一小杯就回去了，路上感到胃里燃起了火。后来的故事是一年多之后 Lacey 在实验室里告诉我的，她说那天我走了之后她们三五个人就一杯一杯地把那瓶二锅头分完了，然后集体醉倒一直到第二天，好几个人都短暂性失忆了(就是我们说的断片)，从那以后她半年多没有再喝酒。看来这种烈酒真的是很难在美国加拿大考古学家群里推广了。

既然烈酒没法传播，还是要给他们介绍一下中国的喝酒方式。我准备了一些中式的小吃(炸花生米、咸鸭蛋、豆腐干、锅巴等)，邀上美国同学 Ben 和 Jacob、中国同学吕磊和唐耀来我的宿舍喝酒。我特意去酒水超市买了一大罐 5 升装的啤酒，几个同学每人还带了点其他的酒。先问了下两个美国同学是否对花生过敏(外国人的花生过敏很多，严重的能致命)，两个人均表示没有问题，然后大家开始喝酒。我住的单人宿舍比较安静，大家聊天也比较愉快，这个时候我们基本上能够和美国同学谈笑风生了。喝完大罐啤酒之后已经近半夜 12 点，Jacob 同学打开冰箱说，嗯，很好，还有酒啊，我们把它们喝完吧。大家显然兴致很高，Jacob 同学浑厚粗犷的声音很快引起了隔壁同学的不满，过来敲门抗议几次。最后大家的声音稍微低了下去，把各种酒都掏出来直到喝完为止，那时已经到了夜里 1 点多。我相信如果附近有酒水超市，那天肯定不会就此结束的。后来听 Ben 说，Jacob 同学的豪放在他们美国人中间也很少见，基本上每次都是不醉不归。这个豪放的同学后来因为跟导师的研究兴趣不一致，在硕士第二年快结束时潇洒地退学回美国去了。

一起喝酒，是一个了解当地生活和文化比较合适的途径。对于学考古学的我来说，也是了解他们考古学的一个重要方式，这也是我为什么比较积极地参与或者组织聚会的原因。略夸张地说，喝一次酒下来了解的知识很多都是课程上学不到的，不过前提是大家要在一个圈子、要能够听得懂他们的谈话，并且能够提出问题。我对他们的田野考古、文物所有权等知识的了解基本上都是通过这种有酒的聚会。当然，适应这种聚会是需要一个过程的，我经历了近两年。

(三)与酒有关的尴尬事

最初参加这种聚会时很容易因为文化习惯的差异而出一些小意外。有一次美国同学召集大家下课后去喝酒，后来结账时（AA 制）有两个同学说他们的账单不对。服务生解释说他们旁边的两个女生（中国同学）中途走了没有结账，他认为应该是旁边的男士替他们付账（所以就把账单加给他们了）。那两个男生一头雾水，我和 Ben 很快明白是怎么回事，因为我们认识提前离场的女生，而那两个男生根本不熟悉。于是我们俩就把几个女生的账单给分担了。这显然是因为文化习惯差异造成的误会：在中国召集喝酒者自然就是做东的，也就是买单者，参加者不用考虑付钱的问题。但是资本主义社会的 AA 制却是任何时候，无论是有人召集或者自发组织，都各自付钱。如果有人要请你喝酒也会提前说清楚（酒水免费的聚餐也会

宿舍冰箱上积累的酒瓶

有特别说明）。有一次系里研究生会组织聚餐我差点也出这样的意外，当时想着这样的聚餐肯定应该是组织承担的吧(组织有活动经费)。正要走的时候旁边一个同学叫来服务生结账，我才明白这也是要自己付钱的。比较有意思的是如果是在酒吧举行生日聚会，过生日的主角的账单是由其他人分担的，也就是说不用花钱请客还可以免费喝酒。

即便是外国学生，如果不是那种经常参加聚会的好学生也可能会出状况。已经毕业的硕士 Reid 是加拿大人，他曾经在一个博物馆打工，带几个实习生。实习生们都是典型的好学生——不抽烟、不喝酒、不参加聚会。实习期结束时大家感到非常轻松，于是 Reid 邀请大家出去聚会喝酒，几个实习生也去了。因为没有喝酒的经历，实习生们对酒是一点不懂。其中一个说希望喝点甜的，于是

Reid 就帮他点了个鸡尾酒。这种酒以伏特加为底，据说口感很甜（具体的调配方法我记不清楚了），装在一个细长的直筒玻璃杯里。因为杯口上面还有很高的泡沫，没法端起来喝，所以先要俯身对着杯子去吸。在一群酒精催化下的成年人眼中，这动作很容易就联想到了一些成人电影的内容，于是他们就给这个酒命名为 b *** j ** 。实习生喝得很开心，也记住了这个名字。第二天年轻单纯的实习生给指导老师说，昨天晚上的聚会是一个很愉快的经历，Reid 给我了一个 b *** j ** 。闻之者顿时大囧，Reid 急忙解释，而后大家大笑之。这点也能看到外国学生中也有很多比较宅的年轻人，是比较单纯可爱的。

我们自己喝酒也有很尴尬的经历。当时几个中国同学相约去一个著名的酒吧街上喝酒，喝了几杯啤酒之后我觉得很没劲，于是就问服务生拿来酒水单看看有没有什么烈酒。服务生翻到一页指给我说烈酒都在这里，那些名字我基本上一个都不认识，后来看到一个 Red Bull。当时对几个同学说，这个名字看起来很霸气，想必应该是很烈性的酒，必须要试试。等服务生端过来时，我们都傻眼了——那不是熟悉的红牛么？这时大家才想起来 Red Bull 不就是红牛么，哪里是什么烈酒。在当时酒吧那种热烈的氛围下，怎么也没有把这个名字和饮料联系起来。这件事后来成为小圈子里流传的一个笑话，实在令人尴尬。

（四）屯里的中国酒

学校所在的 Edmonton 是个小城市（相对中国城市来说），跟哈尔滨纬度差不多，大家习惯称之为屯。屯里学校附近和唐人街附近的酒水超市我们基本上都光顾过——对于一群"单身"在异国他乡求学的男人来说，酒无疑是个很好的东西。

虽然是个小地方，很多酒水超市都有中国的白酒。其中最常见的还是二锅头（红星和牛栏山都有），不过看起来销量不是很好，

系里的同学们

好几个地方这些酒都是塞在角落里并且落满了灰尘。经常开玩笑说，自从我们几个到了屯里，烈性中国白酒的销量应该有明显的变化。大家经常会去买一瓶回来度过周末，几年积累下来也是不小的量。第一年在海外过春节，几十个同学相约聚会。于是我们去超市一次买了四瓶二锅头，当时出门的时候东南亚裔的老板娘吃惊得嘴都成了 O 形——很疑惑地问到你们确定要喝完么？当然我们并没有告诉她这是给几十个人准备的。

我们选择二锅头这样的烈酒也是有原因的。从价格上讲，一瓶二锅头在当地卖 20 加币左右(相对国内已经是很贵了)，跟一般的红酒价格差不多。不过这一瓶至少够三四个人喝两次，而一瓶红酒显然没法撑到这么久。相比之下，还是要经济实惠得多。

在毕业论文致谢的结尾我写到，感谢屯里那些酒水超市和它们的中国烈酒，支撑我度过了艰苦的四年。这不是煽情，是实情。

一条新闻引起的
对加拿大文物保护制度的探索

① http://news. nationalpost. com/
full-comment/alberta-couples-arti-
facts-offer-evidence-of-13000-year-
old-meteorite-that-may-have-wiped-
out-mammoths.
② Wittke, J. H., Weaver, J.
C., Bunch, T. E., Kennett, J.
P., Kennett, D. J., Moore, A.
M., ... & Daniel, I. R.: Evidence
for Deposition of 10 Million Tonnes of
Impact Spherules across Four Conti-
nents 12,800 y ago. *Proceedings of
the National Academy of Sciences*,
2013, 110(23): E2088-E2097.
③ Ives, J. W., & Froese, D.:
The Chobot Site (Alberta, Canada)
Cannot Provide Evidence of a Cosmic
Impact 12,800 y ago. *Proceedings
of the National Academy of Sciences*,
2013, 110(41): E3899-E3899.
④ Wittke, J. H., Bunch, T.
E., Tankersley, K. B., Daniel,
I. R., Kloosterman, J. B., Klelet-
schka, C., ... & Firestone, R.
B.: Reply to Ives and Froese: Re-
garding the Impact-related Younger
Dryas Boundary Layer at Chobot
Site, Alberta, Canada. *Proceedings
of the National Academy of Sciences*,
2013, 110(41): E3900-E3900.
⑤ Firestone, R. B., West, A.,
Kennett, J. P., Becker, L.,
Bunch, T. E., Revay, Z. S., ...
& Dickenson, O. J.: Evidence for
an Extraterrestrial Impact 12,900
Years Ago that Contributed to the
Megafaunal Extinctions and the
Younger Dryas Cooling. *Proceedings
of the National Academy of Sciences*,
2007, 104(41): 16016-16021.

(一)阿尔伯塔省 Chobot 夫妇的考古发现

2013 年 5 月,一条新闻让加拿大阿尔伯塔省一对老夫妇成为考古学界和公众关注的焦点,并且激起了新一轮关于北美史前文化的辩论。

新闻说,这对居住于阿省埃德蒙顿市(我就读的学校所在地)Buck Lake 的老夫妇自 20 世纪 80 年代以来一直致力于在自己土地上开展考古工作,其三十余年的考古发现证实了一个一直被考古学界辩论的重要理论猜想:北美大陆上的猛犸象等巨型哺乳动物以及最早的人类文化 Clovis 文化可能毁灭于距今 12900 年左右的一次来自地球大气圈外的剧烈天体活动(如彗星近距离爆发造成的陨石冲击)引发的大火。①这对夫妇发现的这个遗址被他们用自己的姓氏 Chobot 命名,并作为新的证据发表在了 *PNAS* 上。②不过很快就有学者质疑 Chobot 遗址的发现并不能支持天体活动影响论③,当然相关的作者马上又有了回应④。关于这个理论的激烈讨论一直都是在 *Science*、*PNAS* 这样的学术刊物上出现,由此可见其影响力之大(详细的历史回顾可参考 2007 年 Firestone 等人发表在 *PNAS* 上的文章⑤)。

加拿大同学 Gab 说在绝大多数考古学家眼里,这个天体活动影响论显得比较荒唐离奇,一般是不去理会的。但是仍然有一些比较狂热的支持者一直在努力寻找证据支持这个观点。这些相关知识确实让我大开眼界，然而我关注的却是另一个问题：各大媒体都在报道这对夫妇在自家土地上开展的三十余年的考古工作并称之为 backyard dig(后院挖掘)，很显然他们是进行了挖掘工作的，这样私自挖掘遗址的活动合法么？Gab 说，按照规定是不允许私人进行发掘寻找文物的，但事实上如果是在私人土地上进行挖掘并且没有发现人骨，是没人去管的。这就有些奇怪了。

另一条新闻是美国加州一对夫妇在自己的土地上发现了 1000 多枚 19 世纪的金币，价值超过 1000 万美元，当然金币就归他们所有了。[①]类似的新闻还有不少，有兴趣可以网上搜一下。在跟美国同学 Ben 打趣说我们也去你家院子里挖一下试试(他来自加州)之后，我很认真地跟他和 Lacey 请教了这个的问题：美国地下文物所有权归谁。他们给出的答案是相似的：理论上讲私人土地上的一切东西(地上和地下)都归私人所有，因此文物也可以自由处置——当然前提是这些文物的归属无法确定，且不能与人骨遗存有关。如果有人骨(墓葬等)，必须首先报警，警察确认非刑事案件之后再找考古学家。这个时候相关的遗物的处理权就不能归土地所有者了，按照法律是应该归死者的后裔(如果暂时找不到就由政府部门代管)。前面介绍美国的 Craig 要塞盗掘案件时，执法人员进入盗掘者家中发现了很多 Craig 要塞之外文物，但是他们并没有没收，也是因为不能确定来源。当然也有很多例外情况就不是几句话可以说清楚的。

欧美国家的法律保护私人财产这是大家都知道的，这样看起来无法确定归属的地下文物也因为土地所有权的原因变成私人财产了。如果按照这个思路下去，那他们的文物保护工作可是相当的难做。带着这个疑问，我就去查了一下相关的法律法规。法律问题太专业，而且美加两个国家、每个国家不同省(州)之间的法律都会有差别，我显然没有能力去做一个全面的对比分析。学校是在加拿大，那就大概地了解一下这里的情况吧。

① http：//www.dailymail.co.uk/news/article-2567784/Calif-couple-strike-10-million-gold-coin-bonanza.html.

(二) 加拿大的相关文物保护法律

加拿大在国家层面并没有专门的文化遗产保护法律，只有一个 *Standards and Guidelines for the Conservation of Historic Places in Canada* (加拿大文保单位保护技术标准和操作指南)是适用于全国各省的技术指导而不是法律。具体的文化遗产保护法是由各省自己制定颁布的，名称大同小异。例如在卑诗省(British Columbia，简称 BC)、阿尔伯塔省(Alberta，简称 AB)、安大略省(Ontario，简称 ON)这三个比较大的省份，其文化遗产保护法分别为 *HERITAGE CONSERVA-TION ACT* (BC 省)①、*HISTORICAL RESOURCES ACT* (AB 省)②、*ONTARIO HERITAGE ACT* (ON 省)③。这些省级文物保护法一般都是 20 世纪 90 年代制定，并在以后进行了多次修订。

这些地方性的文物保护法在整体方向上都是一致的，比如根据历史文化价值将文物单位划为国家级、省级、市级三个等级的保护单位(Historic Area 或者 Historic Place)。所有与文物保护单位相关的活动，如挖掘、建设、修缮等，都需要报请相关管理部门批准。私人土地上的遗产(遗址、建筑等)也可以被划为保护单位，如果因此使私人财产的市场价值有所折损，所有人可以向政府申请补偿。这些规定和我们的文物法也大致相似，体现了对文化遗产保护的重视。那么关于考古发掘活动又是如何规定的呢，下面分省列举相关内容。

BC 省的文物保护法第十三条第二款详细规定了相关的内容，共计 9 种禁止的行为。这 9 种行为就不一一详述，用我们比较熟悉的语言加以概括就是在没有获得批准的情况下，任何人都不得挖掘或破坏有历史或者考古价值的墓地、原住民岩画、遗址(1846 年以前)，不得移走相关文物。也就是说私人挖掘遗址或者古墓葬的行为是禁止的，无论是在私人还是公共土地上。第三十六条明确了处罚措施：个人违反了第十三条的相关内容(本条第一款是禁止未经

① http://www.qp.gov.bc.ca/statreg/stat/H/96187_01.htm.

② http://www.qp.alberta.ca/1266.cfm?page=h09.cfm&leg_type=Acts&isbncln=9780779726837.

③ http://www.mtc.gov.on.ca/en/heritage/heritage_act.shtml.

允许将可移动文物带出省)将被处以 5 万加元以下罚款或者两年以下有期徒刑，公司或者机构违反规定将被处以 100 万加元以下罚款，具体授权、允许或者默许违法行为发生的责任人按照前面个人违法情况进行处罚。

AB 省文物保护法第三十条第一款的规定更为简洁明了：未经批准情况下，任何人不得在省内任何土地上进行以寻找或收集文物为目的的挖掘活动。第五十二条的处罚措施也是十分简洁：任何个人违反本法中的相关规定将被处以 5 万加币以下的罚款或者一年以下有期徒刑，或两者并罚。被损文物保护单位的修缮费用由损坏者承担。

ON 省的文物保护法第五十六条第一款也明确规定：未经批准，任何人不得挖掘本部分条文所保护的财产(古文化遗址、墓葬，古建筑遗存等，见第四十七条)，并且不得移走相关文物。第六十九条规定了处罚措施：个人违反相关条款的将被处以 5 万加币以下的罚款或者一年以下有期徒刑，或两者并罚；公司或者机构违反规定将被处以 25 万加币以下罚款，具体相关责任人按照前面个人违法情况进行处罚。如果公司或者机构是明知故犯，罚款上限提高为 100 万加币。

对三省的相关条款简单一比较不难发现，未经允许的发掘遗址或者墓葬的行为在任何地方都是明令禁止的，无论是在公共土地还是在私人土地上，无论发掘对象是有级别的保护单位还是一般遗址。并且各省都有相应的处罚措施，除了具体罚款上限和判刑年限略有区别之外。相比之下，AB 省的处罚是最轻的，并且最为模糊笼统，对于公司或者机构的违法行为并没有相应的处罚措施。

(三)老夫妇的考古发现经过

再回到本文开头所介绍的那对老夫妇的 backyard dig。新闻报道都浓墨重彩地描述这个发现有多重要，对于发掘过程本身的介绍比较简略。天体影响论的一个很坚定支持者叫 Richard Firestone，也就是 2007 年发文阐述这个观点的学者。这位学者在 2006 年出版的一本书中详细记载了他到阿尔伯塔省访问这对老夫妇的经历，并且转述了他从男主人口中听到的 Chobot 遗址发现经过。① Firestone, R., West, A., & Warwick-Smith, S.: *The Cycle of Cosmic Catastrophes: How a Stone-Age Comet Changed the Course of World Culture.* Inner Traditions/Bear & Co., 2006: 79-81. 这对姓 Chobot 的夫妇 20 世纪 60 年代从捷克斯洛伐克移民到加拿大。男主人 Chobot 先生原来是电工，在中东工作时对考古产生兴趣并自学了考古发掘，还在一些地方发掘过几个古代遗址。他们到加拿大之后在自家湖边的小木屋附近发现了古文化遗址和大量遗物，几个大学教授（包括我们学校的）去看过并且确认有 Clovis 文化的石器。他于 1981 年将发现上报了政府部门，政府部门给遗址登记命名，并将其定为省级考古遗址（provincial archaeological site）还颁发了证书。后来他分别联系省博物馆和另一家博物馆（Chobot 先生不愿意说出具体名称），两家都有兴趣进行考古发掘，但是因为经费问题搁置了。其中的一家博物馆想展出他发现和收藏的文物，但是他要求同时也展出那些他认为早于 Clovis 文化的遗物，而博物馆拒绝了他的要求（一般认为 Clovis 文化是北美大陆最早的人类文化，关于 Clovis 之前是否有人类在此活动还存在很大争议）。展览因此也就没办成，其后他应该继续着自己的私人考古工作，并且收获了大量不同时期的文物。按照 Richard 的表述，老夫妇家里就是一个博物馆，几间卧室和地下室里都放满了文物。

根据这些内容看，Chobot 先生显然是在自己土地上进行了有目的考古发掘活动（Richard 的书中专门提到他过去自学考古发掘的经历）。没有任何证据表明他的发掘是获得了批准的，根据 AB 省的文物保护法中关于考古发掘审批的规定，政府似乎也不大可能给这一对业余考古爱好者颁发许可。显然相关部门和很多专家都知道这个遗址的存在、遗址的重要价值（省级考古遗址），以及他的挖掘活动，但是大家似乎都默许了这种行为。这看起来就十分的矛盾，尤其是在法制比较完善的西方国家。对此，我专门咨询了系里的

Jack Ives 教授，也就是前面提到的撰文质疑 Chobot 遗址考古发现与天体影响论关系的学者、Gab 同学的导师。

(四) 专家的解释

Jack Ives 教授在进入大学任教之前一直在阿尔伯塔省文物部门工作，对这个遗址的情况了解比较详细(这也是他撰文质疑的原因之一)，同时也比较熟悉相关的法律法规。他很耐心地解释了我的疑问，并且对加拿大整体的文物保护立法情况做了介绍。加拿大确实没有全国性的文物保护法律，各省的相关法律之间差别也很大，这些有很复杂的历史原因。法律是禁止任何未经批准的考古发掘活动的，但是有一些情况很难界定为有意的发掘活动：例如处理树坑时可能在泥土中发现一些文物，犁地时也可能会发现文物(加拿大的古代遗存埋藏都很浅，这些情况很常见)。文物部门一般不会对这些行为进行干预，也没有精力去对这样的情况逐一进行评估和干预。Chobot 遗址这件事他也知道得比较详细：老夫妇家里收藏的文物很多都是在平日的生产活动中发现的，如处理土地上的树坑、打理花园等。也就是说并不一定是有意的考古发掘，因此文物部门并没有理由进行干预。Ives 教授也说，可能 Chobot 先生也钻了这个空子，自己进行了一些发掘。

显然当时的文物部门也是知道 Chobot 先生可能私自进行了挖掘，不过未采取具体措施。Ives 教授说，文物部门之所以对这些发生在私人土地上的文物挖掘行为不采取严厉的措施，是因为重罚往往会导致一些很负面的影响：比如人们可能会为了逃避处罚而隐匿在自己土地上发现的文物，这样会导致更严重的损失。这种说法有一定道理，如果当年 Chobot 先生不向政府报告他们的发现的话，可能政府也不会知道他家土地上有这么一个重要遗址。不过教授还强调说，任何地下文物都归政府所有，Chobot 家里的收藏也不例外。前面介绍的三个省文物保护法中都有类似的规定，即不能把相关文物从遗址上移走。按照我的理解，大概只要他们不出售或者破坏这些文物，单纯地放在家里（也就是遗址上）展览，也就不算违法。

另外我还专门咨询了私人土地上的考古经费问题。这个问题在BC省特别突出，好几条新闻都说有人在自己的土地上发现了遗址并上报，然后自己被判要承担巨额考古发掘经费，当事人都觉得很冤。[①]Ives教授解释说，加拿大各省基本上都是实行"user pay"（使用者付费）的政策，也就是说业主承担相应的考古工作经费，私人业主也不例外。这经常会引发一些问题，比如一个小企业或私人业主恰好碰到一个非常重要的遗址，业主往往无力承担巨额的考古经费。尤其是涉及原住民人骨遗存的时候更为麻烦，很可能业主的土地所有权都会受影响——因为原住民可能会据此要求收回相应土地的所有权，法律也是支持的。这些问题在BC省最为突出，因为该省原住民文化遗存比较丰富，尤其是最常见的贝丘遗址中经常会有人骨遗存。

最后Ives教授说，他撰文驳斥相关文章是因为其作者对Chobot遗址的描述是严重失实的（completely untrue）：该遗址确实是一个埋藏丰富的遗址，但是遗物年代普遍晚于Clovis文化；同时遗址的地层非常简单，大部分都被湖水冲刷和树坑破坏。因此该遗址并不能作为天体影响论的证据，作者的许多观点是完全站不住脚的bad science。

（五）个人思考

通过这一系列的个人探索和咨询，我对Chobot遗址这件事情有了更详细的认识。Chobot夫妇因一个很偶然的机会在他们的土地上发现了这个埋藏丰富的遗址，他们随之上报给文物部门。但是由于经费问题，文物部门并未对此遗址进行发掘，于是Chobot先生这位热爱考古的民间科学家就自己进行了三十余年的文物收集和

① http://www.huffingtonpost.ca/mark-milke/bc-archaeological-property-rights_b_3454495.html；http://www.cbc.ca/news/homeowner-charged-35-000-by-archeologists-1.872910.

"考古"工作。他们的文物可能大部分发现于日常生产活动，显然至少有一部分来自于有目的、非法的考古发掘，但是文物部门并未对此采取措施。这一方面是因为文物部门担心严厉的惩罚措施会适得其反，造成更大的损失；另一方面可能是因为他们收藏和发掘的本意并不是为了出售或者获利，文物仍然是在遗址上展示。

这似乎反映了该省文物保护法律和具体实践之间的矛盾：法律禁止任何私人发掘活动，但是对于相关的活动却是采取睁一只眼闭一只眼的态度。这中间牵涉到复杂的社会背景和历史因素，我也很难说清楚。但是这种矛盾状态显然是加拿大（至少是阿尔伯塔省）文物保护工作面临的一个现实困难。不过这种情况仅限于遗址，而政府似乎也没有意向采取措施解决这个困难。在跟我导师交谈中她说这可能是因为这里的遗址出土文物本身较少，且没有太多的观赏性和经济价值（主要是石器），因此除了那些考古爱好者（如 Chobot 夫妇）之外一般不会有人去私自挖掘考古遗址。至于墓葬，即使是考古爱好者也没有胆量去私自挖掘的——涉及原住民的墓葬遗存是政府都头疼的事情，何况个人；如果是近代墓葬，私自挖掘就完全是刑事犯罪了。

相比之下，我们的文物保护法律不仅体系比较健全（有全国性和地方性的法律法规），而且执法也是很严格的，基本上是不会允许这种可疑的挖掘行为存在的。无论是考古爱好者还是古玩收藏者都不能私自去挖掘古代遗址或者墓葬。我国出现的非法挖掘行为也主要是针对墓葬（也有个别的盗掘遗址行为，如盗掘红山文化遗址的案件），而且都是为了经济利益，这也与加拿大截然不同。这里做一个简单的比较只是为了表现不同国情和历史背景下两国文物保护法律和措施各自的特点，并不是为了说哪个国家的现行文物保护法律和措施更科学更有效——因为如此简单粗暴地进行优劣对比，从根本上就是站不住脚的 bad science。

* 本文部分内容发表于《东方早报·上海书评》，2016 年 12 月 4 日第 11 版。

风靡古代世界的博戏*

2012 年 11 月，系里的 Gab 同学在他的 Facebook 上传了一张纽约大都会艺术博物馆所藏古埃及色子的照片，说是他写论文查参考资料时看到的，问有没有谁见过相似的东西。这是一个用石头制成的二十面色子，每一面上都刻有字母，年代为公元前 2 世纪到公元 4 世纪。① 我看这个多面体色子似曾相识，原来自己在读硕士期间曾经写过一篇关于战国秦汉时期六博棋具的文章，搜集资料时见过相似的东西（不过该器物在中国古代的名字叫茕或骰子）。仔细回想一下并查找了相关材料，果然又找出了多例考古出土的战国到汉代骰子，十四或十八个面，材质有铜、石、木、象牙等。《文物春秋》杂志 2015 年发表了一篇专门介绍古代骰子和发展演变的文章，对这些出土资料有详细介绍。② 按照目前的材料看，战国和秦代的骰子是十四面球体（刻数字 1~12 和另外两字），两汉时期变成了十八面体（刻数字 1~16 和另外两字），到后来逐渐发展成了目前常见的六面体。

对这些资料略一对比就发现了一些很有趣的现象：①埃及的这个二十面色子跟汉代的十八面骰子居然是非常的相似，如果不是字母和隶书汉字的明显差异，一眼看去很难将两者区别开；②这两种色子的年代也十分相近；③埃及的这二十面色子上刻了前二十个希腊字母，这与汉代骰子上刻数字 1 到 16 有相似之处，说明两者的功能也应该相似。汉代这些骰子是一种娱乐工具，更直接地说就是赌博工具，这是没什么疑问的，同出的考古材料便是证据。因此，古埃及的这个色子（收藏品）也可能是和赌博游戏有关。看来在两千年前，这两个相聚万里的文明古国里，贵族们都喜好同样的游

① http://www.metmuseum.org/art/collection/search/551072.

② 徐若冰. 说骰. 文物春秋, 2015(2)：58-61.

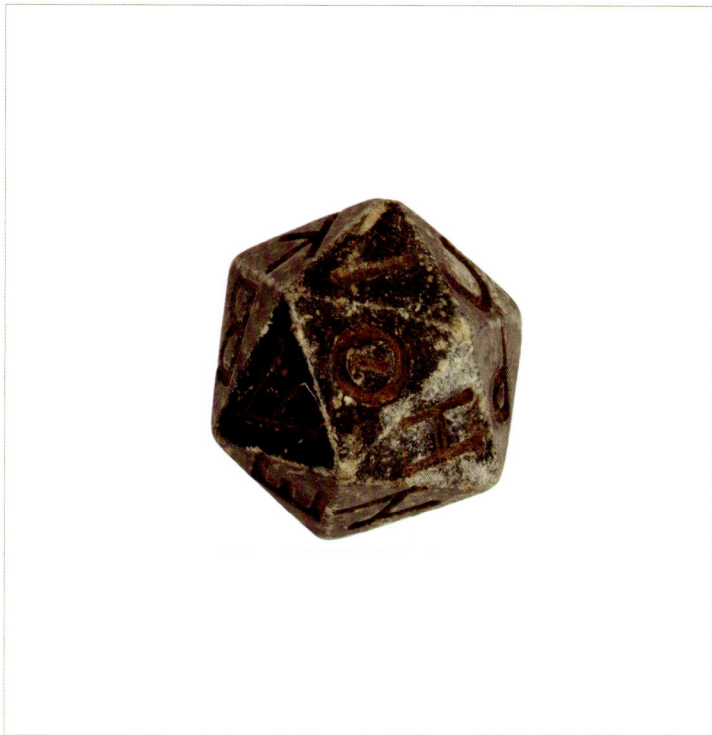

古埃及的色子（图片来源：大都会艺术博物馆网站，http：//www. metmuseum. org/art/collection/search/551072）

戏，博戏果然历史悠久。在此我不准备去探索这两地的色子为什么会如此相似，这显然不能简单地从传播论的角度去思考，而多面体色子也涉及很深奥的数学知识（球形多面体的面数并不是随意的）。我关注的是，其他古代文明中是否也有博戏（主要是使用色子的博戏）。

中国目前所知最早的博戏大概是东周时期的六博，既有文献记载，也有各种出土实物。可惜的是具体游戏规则早已失传，目前关于六博的研究大多只能关注于棋具本身。北大汉简《六博》篇及《日书》中相关内容比较详细地记载了利用六博占卜和进行娱乐游戏的内容[1]，为研究六博游戏规则提供了新的材料。通过这些简牍文字的记载看，六博应该是兼有占卜和娱乐两种功能的。Gab 同学当时

① 陈侃理. 北大汉简数术类《六博》、《荆决》等篇略述. 文物，2011(6)：86-87.

① Crista, W., & Dunn-Vaturib, A. E.: Board Games in Antiquity. In: Selin H. (eds) *Encyclopaedia of the History of Science, Technology, and Medicine in Non-Western Cultures*. Springer, Dordrecht, 2015.
② Hallo, W. W.: Games in the Biblical World. *Eretz-Israel*, 1993(24): 82-88; Crista, W., & Dunn-Vaturib, A. E.: Board Games in Antiquity. In: Selin H. (eds) *Encyclopaedia of the History of Science, Technology, and Medicine in Non-Western Cultures*. Springer, Dordrecht, 2015.

③ http://news. discovery. com/history/archaeology/americas-first-casino-found-in-utah-cave-150609. htm.

④ http://www. archaeology. org/news/3307-150521-cave-dice-gaming.

看到中国战国汉代的骰子之后问它们是不是也被用来占卜，看来其他古代文化中的博戏可能也与占卜有关。

博戏的本质是一种竞赛游戏，就是用色子或其他规则决定顺序，看竞赛者谁先将自己的棋子移到终点。①从目前的考古材料看，其他古代文明在博戏这方面远远地走在中国的前面。印度河流域、两河流域、埃及这三个古代文明地区的博戏都可以追溯到公元前3000—前2000年。②这些地区也可能是博戏中所用色子的发源地，当然学者在这方面仍有分歧，有兴趣者可以参看本段列的两篇参考文献。随着考古工作的开展，中国博戏的历史也有可能被继续往前推。在这些古代文明繁盛的地区，娱乐是人们(应该主要是贵族阶层)享受生活的一种重要方式，因此博戏在各地的出现并不意外。至于不同文明之间博戏的相似之处，它们可能恰好是研究文明共性的一个特殊角度。

欧亚大陆上的古代文明之间显然是存在很多共性的，但是美洲大陆上的古代文明则有着它自己的特点和发展轨迹。在欧洲人到来之前，美洲文明一直是自成体系的，而北美和中南美又存在一定的差别。美洲大陆上古代印第安人是否也有赌博这种游戏？答案是肯定的。

前面有一篇讲到 Jack Ives 教授带着学生在美国犹他州发掘的洞穴遗址 Promontory Cave 被媒体称为"美国最早的赌场"(America's First 'Casino')，因为他们在洞里发现了数百件赌博用的物品，例如有刻痕的骨棒、圆环、色子、飞镖等，预计洞里博具总数可能上千。③Ives 教授认为这个洞穴是 700 多年前居住于加拿大北部极地附近的阿帕奇人(Apachean)向南迁徙途中的一个临时休息地，出土材料表明这些至少有两三种用色子的博戏在这群人中流行。美国的《考古》杂志对这项发现也有报道④，专门报道美国西部考古、人类学、古生物学新发现的网站 western digs 采访了 Ives 教授和他的博士研究生 Gab 并提供了更为详细的信息。Gab 介绍说在这个洞里色子游戏主要是妇女玩的，赌注往往都是随身物品之类的小物件，或

Promontory Cave 出土的博具（Jack Ives 教授提供）

者就是日常杂务，比如谁输了谁负责做饭等；男性要么就对妇女色子游戏的结果下赌注，要么就玩其他的游戏。①这并不是他的个人看法，美国学者 Warren R. DeBoer 对此有专门研究。②

　　仔细观察上述各种媒体中展示的 Promontory Cave 出土博具的照片，我们并没有发现一件跟我们印象中的色子相似的东西。这是因

① http：//westerndigs. org/dice-gaming-utah-cave-prehistoric-gam-bling/.

② DeBoer, W. R.：Of Dice and Women：Gambling and Exchange in Native North America. *Journal of Archaeological Method and Theory*，2001，8(3)：215-268.

① Culin, S.: *Games of the North American Indians*. Dover Publications Inc., 1975: 44-225.

② DeBoer, W. R.: Of Dice and Women: Gambling and Exchange in Native North America. *Journal of Archaeological Method and Theory*, 2001, 8 (3): 215-268.

③ Gabriel M. Yanicki: *Old Man's Playing Ground: Gaming and Trade on the Plains/Plateau Frontier*. University of Ottawa Press, 2014.

为印第安人的色子都是两面的，与欧亚大陆上的多面体色子截然不同；印第安人游戏偶尔用的多面体色子也都是欧洲人带过来的（详见前面所引 DeBoer 的文章）。印第安人的色子不仅自成体系，而且色子的材质、种类、游戏方式更是极为复杂。Steward Culin 在 1907 年所著 *Games of the North American Indians* 一书中对北美印第安人的色子游戏有比较全面的介绍①，此书堪称研究印第安人游戏节目的经典，一百多年来数次再版。博戏在北美印第安人群中不仅是一种很流行的娱乐消遣，而且还是一种很重要的族群内部物质交换方式①——这也是一个比较有趣的特点，说明其是被普遍接受的。

Gab 对印第安人的博戏比较熟悉，因为他的硕士学位论文就是研究一处印第安人聚会遗址（playground），而博戏是人们聚会时必不可少的娱乐节目。他的论文不仅有考古材料，而且还有大量的原住民口述材料，对发生在这个场所的博戏和贸易活动都进行了全面分析。其中一章专门对一种叫 HOOP-AND-ARROW 的博戏进行了介绍，这种游戏就是向一个小圈里投箭。Gab 有过做记者的经历，这本洋洋洒洒近 500 页的硕士学位论文成为系里的一个传说，因为一般博士学位论文也就 200 多页。他的论文名为"Old Man's Playing Ground: Gaming and Trade on the Plains/Plateau Frontier"，已于 2014 年出版③。这个书名具有一定的迷惑性，很容易让人想到这是一处老人聚会的场所，然而这里的 old man 其实是阿尔伯塔省南部一条河流的名称。

当时 Gab 查找关于色子的资料时就是在准备硕士学位论文，也正是因为他的那张照片引起了我对世界各地古代博戏的一点思考。读硕士时那篇关于六博的文章虽然经过我和导师数易其稿，最后还是被某考古杂志给拒了。后来导师为了安慰我，自己掏版面费帮我在某学报的增刊上把它发了，但是我心里的火焰就此被浇灭。在看到 Gab 所发照片之初，我心里曾经被浇灭的关于古代博戏研究的小火苗又蹿起了一点点，试图对不同文明的古代博戏做一些研究。为此我花了很长时间到处查找资料，并且跟 Gab 进行了交流。最后的认识是：博戏是不同文明都有的一种娱乐方式，其渊源、形式、发展等内容之复杂都远远地超乎想象，根本非我能驾驭。

四五千年前旧大陆上不同的文明古国都出现了自己的博戏，其形式和内容既有共性也有差异。而美洲大陆上的印第安人最迟在700年前也有了自成体系的博戏，其内容和形式的复杂程度不亚于旧大陆所见。看来赌博也是世界各地文明的一个共同特征之一，对这个领域做进一步的研究应该是很有前景的，不过已经超出了我的能力范围，也就写下这些内容权当做一个引子吧。

在整理文稿联系 Jack Ives 教授获取图片授权的时候，Ives 教授告知他和 Gab 关于 Promontory Caves 博具的研究论文已经发表，这里贴上链接供有兴趣的朋友进行参考①。

① Yanicki G. M. , Ives J. W. : Mobility, Exchange, and the Fluency of Games: Promontory in a Broader Sociodemographic Setting. In: Barbara V. (eds) *Prehistoric Games of North American Indians: Subarctic to Mesoamerica*. University of Utah Press, 2017: 139-162.

公众考古活动实践：做志愿者讲考古

　　2012 年春季，我和同事在河南省内黄县白条河林场配合铁路工程建设发掘了一座汉代画像石墓。这座画像石墓虽然被盗，但墓葬结构保存基本完好。整座墓葬除了甬道之外全部用大型石材建成，有前中后三个墓室，前室还有两个耳室，规模十分壮观。虽然画像内容比较简单，这样结构完整、规模壮观的画像石墓在豫北来说仍是十分罕见。受铁路工程的影响，这座墓葬要被搬迁到另一个地方重建。为了全面记录下墓葬的原始状态，我们首次尝试对墓葬进行了三维扫描，并做成了 3D 模型。受墓葬结构的启发，几个年轻 IT 工程师还将这个 3D 模型加入了一些游戏功能——可以在电脑上自由行走，对墓葬进行任何角度任何位置的观察。由于所有的环境都是实景扫描拍摄做成，这样实际上相当于实现了在电脑上对墓葬进行实地考古研究。

　　由于当年 8 月我就出国了，一直没有机会给单位其他同事们展示这个模型。2013 年春季在系里的周五学术沙龙"Fringe Friday"上，我将这个模型展示给外国老师和同学们看，得到了出乎预料的好评。当时有一个同学正在做美国犹他州 Promontory Cave（就是 Jack Ives 教授带人发掘的洞穴遗址）的 3D 扫描研究，看到我这个成果之后惊呆了——原来还可以做成动态的。可惜我不懂中间的技术问题，没法为她提供技术帮助。看来 2012 年的时候我们的理念还是比较超前的。

　　2014 年 10 月，系里转发了一个邮件，说市里的 Telus 科技中心为了配合"印第安纳琼斯和考古探险"展览，召集志愿者做相关的科技展示和讲解。没有限定讲解内容，但是根据展览的主题看，考古相关的专题应该是比较受欢迎的。这对我正好是个机会，一方面可以见识一下别人是如何向公众传播考古知识，另一方面可以把这个 3D 模型拿出去看看公众反响如何。展览组织方显然对我的这个内容十分感兴趣，这个事情就定下来了。

(一)面对三年级和七年级的观众

活动的时间是一个月后，2014 年 11 月 18 日。根据中间的沟通，这个活动比较特殊，并不像是一般的学术演讲。首先观众是学校组织的，分别是三年级的学生和七年级的学生(相当于初一)；其次讲解是 15 分钟一场的连环场次，也就是说学生是分批参观，得给每批学生都讲一次。这个事情确实有点头疼，如何对一群外国小孩(真的是很小的小孩)讲一个中国的古代墓葬，尤其是在很短的时间内，这远比学术演讲有难度。纠结了一个多星期之后，我决定换个思路：就不要把这个东西当做考古来讲，而是当成故事来讲，毕竟面对的是对中国历史一点不了解的小孩。

后来我构思的故事梗概大概是这样的：一群农民在地里打井，发现地下有异常情况，他们很害怕于是就报警了。警察和考古学家一起来到这里，在地下五米深的地方找到一个古墓。这个古墓在地下的深度相当于两层楼，是 2000 年前的人们用石头在地下建造的，是人死了之后住的房子。人们给古墓修了沉重的石门，在墙上雕刻出了精美的图案。可惜的是盗墓贼还是钻了进去，偷走了所有的宝藏，只留下一个空的石屋。在我的电脑上，你们可以自己到古墓的各个角落去自由行走观察，体会一个考古学家研究古墓的感觉。这个故事情节基本也都是事实，只是换了一种讲故事的口吻来叙述而已。后面就可以让大家看看怎么在电脑上实现古墓考古，有时间的话还可以让他们自己来试试。

活动的现场是一个大厅，周围摆放了六个展台。其中三个是科技中心工作人员自己组织的，展示一些矿物和岩石标本。另外三个分别由大学里的古生物学专家展示恐龙化石，历史系一个老师展示希腊考古材料，再就是我展示这个中国的墓葬模型。当然他们都带着货真价实的出土考古材料（陶片、石器、化石等），而我这就是一台电脑和一个投影，多少有点奇怪。地质、古生物、考古这样的内容在一起展示也是很有特点的。我们几个人互相打了招呼，一切准备妥当。

9点半到10点半，60个三年级学生分批开始参观展台。这群小孩是蜂拥着挤进大厅的，不过带队老师一声令下，马上都乖乖地排队站好，还有几个调皮的在下面做鬼脸。对于国外三年级学生的知识水平我心里完全没谱，之前的故事构思都是自己琢磨的。第一组小朋友上来我讲了两三分钟之后就发现问题了——他们对墓葬之类的概念似乎完全没有兴趣，也不管你怎么发现的，大家都盯着屏幕上的墓葬。然后问题很快就来了——你是怎么在里面走动的？你怎么还可以跳上去？石头上的鱼是真的还是假的？后来还有两个萌萌的非裔小姑娘带着很仰慕的神情问：你是考古学家么？你环游世界了么？这一场基本是失败的，我的故事也就讲了一半，然后就去回答他们那些奇怪的问题了。有胆大的小孩听我说到在里面走动跟video game（电脑游戏）里的操作是一样的，马上就挤过来摸鼠标和键盘了。小伙子显然是个游戏高手，三两下就能在里面行走自如，不过很快就被老师拉走了。

面对第二组叽叽喳喳的小朋友，我就完全放弃了之前编了很久的故事。直接告诉他们想不想体验一下考古学家的感觉，去地下的古墓探险，这个古墓来自大洋彼岸的中国，现在在我的电脑里。由于主要就是在操作那个模型，顺便告诉他们哪里是门，哪里是盗墓贼打开的洞，以及画像的内容是什么，等等。大家的注意力显然比较集中，完全被那个神奇的地下建筑迷住了。最后留一两分钟让他们自己过来体验操作一下，小朋友们的热情确实很高，好几次都要老师来维持秩序。有个小男孩在操作之后问我这个到哪里去下载，他显然是真把这个当成游戏了。后面几组小朋友也很快地完成了参观，然后就是七年级观众了。

七年级观众充满疑问的表情跟之前三年级观众的一脸萌相完全不一样，我意识到不能用刚才那种讲法了。没有时间准备，就只能现学现卖。好在材料情况烂熟于心，不至于卡壳。这个时候就开始给他们讲墓葬的结构和各部分的功能，比如人从哪里进去，棺木放置在什么位置等。然后对部分画像的含义也做了简单的介绍。大孩子们估计是电脑游戏玩得比较多了，对动态的墓葬模型兴趣不大，也只有一两个人愿意上来操作。他们的问题也比较少，主要是关于墓葬的年代、地点等，跟小朋友完全不一样。

插在某组七年级学生之后，突然又来了三四个很小的小朋友。他们有的披头散发，有的睡眼惺忪，还有的好像刚哭过，显然是迟到了的三年级学生。于是我马上又切换到小朋友频道。当讲到墓室里石桌的时候，那个披头散发的小姑娘突然问了一句，Are they for afterlife（它们是人死后使用的么）。我被吓一跳，倒不是这个问题有多奇怪，而是 afterlife 这个词。这个词表示死后或者来世等，具有很强的宗教色彩，只有在人类学或者宗教学等文章中才会看到比较多，很多考过四六级的中国学生都不一定能准确说出它的意思。这个词语从这个八九岁的迷迷瞪瞪的小姑娘嘴里说出来，确实让人惊讶。这还不是最令人吃惊的，后面说到人死之后装进棺木放到地上时，又是这个小姑娘问，Is this how they communicate with the dead people（这是他们和死者交流的方式么）？这样的提问方式确实让人意外，听这个小姑娘的语气，似乎是个天赋异禀的人类学家，每个问题都有很强的专业色彩。

(二) 在 IMAX 影院的另一场

两个多月之后，科技中心有个工作人员给我发邮件说上次活动效果非常好，他印象很深刻，问能不能在 2015 年 2 月份再去讲一次。这次形式不同，是一个叫"Real People，Real Science：Treasure

Hunters"(寻宝者：真实的人，真实的科学)的主题演讲。这个主题仍然是配合印第安纳琼斯展览而举办的：在一个主题展览的基础上开展很多场相关的其他形式活动，借此宣传科学知识，这个形式对我启发很大。这个名字起得比较奇怪，不过电影里的印第安纳琼斯在我们看来确实更像寻宝者而不是考古学家，大概这也是吸引观众的一个手段吧。这些活动都是科技中心组织并向各中小学发广告，学校老师自己组织学生参加，是要买票的。

本来计划的是三个人讲三场内容，每人 20 分钟。后来说另外两个大学老师临时抽不开时间，于是就让我一个人按照 50 分钟的时间去讲。这时间显然不是展示一下模型就可以混过去的，并且这次观众的组成更复杂：有小学生也有中学生，还有带队老师。活动的组织者是个年轻小伙子，他说你上次展示的那个东西很酷，这次我们放到 IMAX 屏幕上肯定效果更好。于是我花了一个多星期时间准备新的演讲内容。这次专门做了 PPT，内容包括墓葬年代、位置、发现和发掘经过等背景信息，并展示了一些勘探和发掘照片。那些洛阳铲和土层的剖面照片以及地下露出的墓葬轮廓等很容易就能吸引大家的注意力(我在系里试过)。背景和方法介绍之后就直接转到 3D 墓葬模型，带领大家体验考古学家的感觉。这次演讲对我来说还有一个特殊意义，正好是在爱人和儿子到加拿大探亲期间，可以让他们一起感受一下这种活动。

第一次进科技中心的 IMAX 影院，确实高端大气上档次。等把墓葬的照片投射到屏幕上之后，我回头看了一下自己也就两三块砖头那么高。除了那个蓝色荧光的演讲台，演讲者基本上是被淹没在背景中。灯光调整到位之后，在观众席上完全有一种身临其境的感觉，我自己在观众席上感受了一下也觉得非常震撼。比较遗憾的是，由于灯光原因，没有能够留下较好的现场照片。

这次的活动也非常的成功，结束后几个带队老师留下来问了不少的问题。他们比较关心这个墓葬现在还能不能看到，归什么部门管理等。虽然活动是售票的，但我是作为志愿者参加，没有任何报

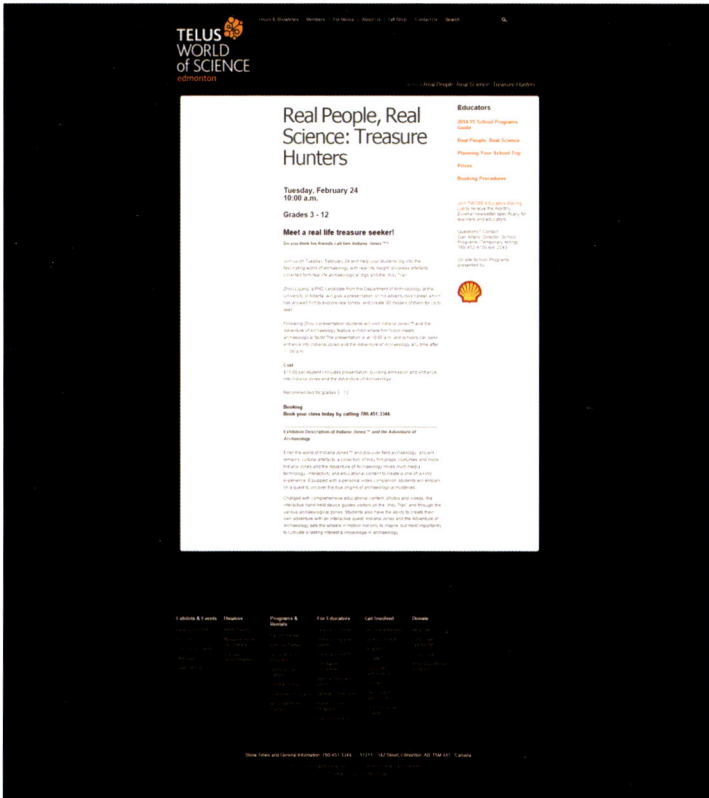

科技中心公众考古讲座的网页广告

酬。组织活动的小伙子说他也没有能力给我们什么报酬，但是可以让我们一家免票去参观那个印第安纳琼斯展览，算是表示感谢。他跟检票口的同事说，这个中国考古学家刚才讲了一个很酷的东西，你没看到真是太可惜了。

(三)体验

　　一系列《夺宝奇兵》的电影让印第安纳琼斯几乎成了国外考古学家的形象代言人。Telus 科技中心的这次主题展览展出了很多道具、场景模拟等，让考古迷们欣喜若狂。然而他们并没有满足于这样吸引人眼球的展览，他们借助这场展览举办了一系列由专业人员参加的活动，成功地将一些真实的科学知识展现给了不同年龄的观众。有同学说，这些小孩子们在看了印第安纳琼斯的电影和精彩的展览之后可能对考古充满幻想，你们对真实考古的展览和讲解会不会打击他们的激情。我觉得这种电影和现实之间的差距可能会更加激发他们探索的好奇心，当然这也只是推测了，并没有机会跟小朋友们去交流。

国内与考古题材有关的影视在这几年也纷纷出现，准确地说是和盗墓有关的题材。如《盗墓笔记》《寻龙诀》等确实成功地吸引了观众的眼球，但是却和考古没有什么关系。考古同行们（包括我自己）在狠批这些影视缺乏常识、歪曲考古和历史的时候，却没有意识到这正是一个我们宣传考古知识的好机会。现在看来，各大博物馆和研究所当时如果能借着这些影视红火的机会来举办一些和考古有关的公众活动，应该会取得很好的科普效果。

第一次英文写作投稿经历

自己着手的第一篇英文文章的主题是关于汉代丧葬习俗与生死观念之间的矛盾。这是前几年一直关注的领域，应该说材料都烂熟于心，然而写起来却并没有想象中那么顺利。文章是在结束第一年课程(2013 年夏季)之后开始着手的，其后两年时间内经历了不下十次的重写，到最后完全抛弃了最初的构思和想法——就是一个反复的自我否定过程，十分的纠结和痛苦。文章最终成形之后，我决定要找个地方投出去试试看。当时对其已经完全是累觉不爱，投出去也只是为了了却心愿，看看外国学者对自己的文章是如何评价的。即使是被退稿，也是收获了专家反馈的意见——年轻的学者都应该有这样的阿 Q 精神才能挺住每一次被退稿的打击。

(一)投稿准备

导师对中国考古和丧葬习俗等领域并不熟悉，没法进行具体指导。这篇文章完全是我自己在闭门造车的情形下创作出来的，因此在投稿之前觉得还是应该请有关的专家看看。导师给我推荐了系里已退休的荣誉教授 Nancy Lovell，她不仅是著名的生物考古学家，也是丧葬考古方向的专家。Lovell 教授很热情地给我指出了很多逻辑上和格式上存在的问题并提供了几篇参考文章；当然最突出的还是语言问题，她建议我找一个 Native Speaker(母语是英语的人)对文章进行专门修改。还有一个比较尴尬的现实，Lovell 教授说现在这种关于丧葬习俗研究的文章很难找到合适的期刊。目前绝大多数考古期刊都比较倾向于刊发科技考古类的文章，而这类传统研究文章更多是作为专著或者论文集的一部分出现。当然还有极少数可选刊物，比如 *Antiquity*（这是曾被教育部列为考古专业 A 刊的三家英文期刊之一）和 *Asian Perspectives*。她说前者影响很大可能也比较难投，后者是专门的亚洲和太平洋地区考古期刊，应该机会更大一些。

在按照 Lovell 教授的意见修改过之后，我找到系里一个兼职论文修改润色工作的加拿大同学请他帮忙修改语言。说一句和主题无关的话，论文润色修改是一件非常辛苦和费时间的事，除了导师和合作者之外，没人愿意免费做这个事情，都是按时间收费。学校里曾经有一个中国访问学者跟他委托修改论文的中国留学生因此闹出不愉快，大概该学者以为修改或者翻译论文都是随手而就的简单事。这个访问学者不仅不愿意付钱，后来直接说让这个学生给他将中文文章翻译出来。在国内做惯了教授，用的语气也很不友好，结果这个同学就气不过将事情发到了网上，我看到都觉得过分。我找的这个加拿大同学研究方向是中国宗教，因此还对文中涉及宗教的相关内容和用语提出了重要意见。修改论文这种收费服务效率还是很高的，这个同学一个星期就给我改完，我自己读起来确实流畅地道许多。已经到了这一步，接下来就该投稿了。

Antiquity 属于高端期刊，目前在该刊上发过文章的中国学者也是屈指可数的，我当然不会盲目自信到拿着第一篇英文文章去投它。*Asian Perspectives* 虽然影响没有前者大，但它是一个历史比较悠久的亚太地区考古研究专刊，看起来是最合适的选择。按要求，投稿之前要先将文章的摘要发给主编审阅，看内容是否适合在本刊发表。这就是需要面临的第一次审稿——幸运的是编辑表示对我的文章很有兴趣，第一关通过。

国外正规学术期刊都是采取 peer-review（同行审阅）制度，作者投稿时需推荐三至四名你认为对本领域熟悉的专家。主编会选择推荐专家中的两到三名对文章进行评审，也有可能选择其他专家（如果主编对该领域比较熟悉的话）做评审。为了保证评审意见的公正，作者也可以列出申请回避的审稿人（一般是和作者持对立观点的学者）。主编根据审稿人的意见来决定是否录用文章，如果几个审稿人意见不统一，则主编可能还要再征求其他专家的意见。这与国内很多期刊一般都是编委决定稿件命运的模式大不相同。

现在我需要列出自己推荐的审稿人，这是一个不小的难题。国内研究汉代考古和丧葬习俗的专家很多，但是不能确定哪个专家比较熟悉英语；国外研究中国考古的专家很多，但是具体研究秦汉和丧葬习俗的学者似乎并不多。在美国工作的同学王炎溪博士对国外的中国考古学圈比较熟悉，也给出了几个建议。最后列出的 4 个建议审稿人名单我自己都有点心虚：全部是世界顶级高校的知名学者，因为他们所研究的中国考古内容都比较广泛，多少能跟文章内容有些联系。稿件终于投出去之后我开始有点后悔，自己推荐的如此豪华的审稿人阵容似乎太有点拔高自己了，显然有种"图样图森破"的感觉。接下来就开始忐忑地等待审稿人意见。

(二) 审稿人反馈及修改

投稿两个月之后，我收到了期刊编辑部回复的审稿意见。前面几句大意是两位审稿人都觉得文章很有价值但是还需要修改，如果能够按照审稿意见修改并回答审稿人提出的问题，还是可以发表的。最后编辑的意见是 revise and resubmit(修改后再投稿)。这看起来倒还是不错，审稿后再修改一般是发表论文正常的流程(除非是特邀专家写的文章)，没有给直接判决退稿对我就是天大的好消息。然后我怀着激动无比的心情打开了审稿人的意见，刚才激动无比的心瞬间就跌入了冰窟。

两个审稿人的意见居然有七八页，差不多都赶上原文一半的数量了，这让我在第一时间感受到了压力。第一个审稿意见(审稿人都是匿名的)开头写得非常客气，说文章很有价值，修改之后是值得发表的，这算是审稿人的整体评价。接下来的内容就没有一点客气的成分了：审稿人开始一段一段地点评文章。首先就是第一段需要重写，放在这个位置很 awkward(尴尬)。其他的关于结构的点评比如这一句话完全多余、这一段跟前后逻辑不能联系上等就不必多说了。最令人尴尬的是审稿人对文中引用的一个关于墓葬明器的观点(美国考古学家罗泰的观点) 提出了质疑——我可以十分肯定这并不是罗泰的观点，作者要么就是没有认真阅读他(罗泰) 的文章、要么就是语言水平有限未能正确地理解他的意思。在这段点评里，审稿人用了 awkward handling of language 等看似委婉实则严厉的批评语气。这是我从导师那了解到的外国人的表达方式，她们一般不会说 poor language skill 这样直接的批评，而 awkward language、uncomfortable、not happy 这样的表达就说明她们是真的很不满意了。看到这段意见时，我已经没有勇气再继续细读了。大概浏览了一下后面的内容，总之是非常的详细——建议再读某某作者的著作、某问题建议再咨询宗教方面专家等。

第二个专家的意见相对简单一些，但是也提出了一个很尖锐的问题：你这篇文章与你 2011 年在中国发表的一篇文章①区别在哪里，是否就是直接翻译。最后，两个审稿人还有一个共同意见就是：作者的母语显然不是英语，语言还要修改。

粗略地看完两个审稿意见后想到的第一个成语叫体无完肤，整篇文章从立意到结构和语言都被进行了全面的质疑和批评，唯一得到肯定的是角度很独特。两个审稿人居然没有直接毙掉稿件大概也是觉得非英语国家的学者写这样一个东西很不容易，再给一次机会吧。审稿人对文中一些引用观点的质疑、对遗漏文献的指出等让我认识到自己两年来在相关领域的阅读并不过关、阅读量也远远不够，确实有点如开头所说闭门造车的感觉。虽说在一开始就做好了接受批评的准备，当看到自己两年的心血之作被批得一塌糊涂的时候，尤其是意识到他们指出的问题自己确实欠缺考虑的时候，那种感觉只有灰心和沮丧了。几年前读研究生时被国内某考古杂志拒稿也没有过这种沮丧——那时人家就是很干脆地说你的稿件

① 周立刚，楚小龙 . 试论汉代中小型洞室墓的墓道——以河南荥阳薛村汉墓为例 . 中原文物，2011(5)：7.

不适合本刊，这种简单粗暴似乎更容易接受一些。相比之下，这次虽然审稿专家都还给了再次修改投稿的机会，内心却已经没有勇气了。

接下来的两个月我没有再去细看审稿意见，也没有去修改文章，是因为真的缺乏信心。仿佛一个人到达马拉松比赛终点却被告知成绩无效，但是还可以给一次机会重来。然而那一路经历的艰辛回想起来都令人心惊，谁还敢去站到起跑线上再次尝试。虽然是中国考古的话题，这个时候很真切地感受到了自己与外国专家的差距，尤其是在涉及古代人思想意识、宗教信仰这些领域时，自己完全像门外汉一般。不仅缺乏很全面并且有深度的分析，连语言这关都很难过。当时跟几个朋友说，这种差距远得让人没有信心去起步追赶。

当然，两年多的心血也不甘心就这样放弃。冷静了几个月之后我再次打开了长达七八页的审稿意见，这次再读就是完全不一样的心情了。首先是已经接受了自己语言能力和知识面不足的现实，再次面对那些意见就能够坦然了；然后作者对立意的质疑实际上是建议我在文章(开头或者结尾)要明确指出文章的意义；再有其他细节上的点评则是我学习英文学术论文写作格式的好机会。冷静时候读审稿意见，也同时发现专家提出的很多问题并不能算是质疑，应该是希望我给出一些更详细的信息。经历了一个月的重新阅读和思考，整篇文章又被彻底改写了一遍，然后还是请那个加拿大同学进行再次润色修改。对审稿意见的逐条回复也是重新投稿时必需提交的材料：我虚心地接受审稿人的批评意见，但是在关键的部分还是坚持了自己的意见并且给出详细的解释。

这次的修改稿投出去一个多月之后，收到了编辑部的录用通知，标志着两年多的努力正式得到国外同行学者的认可。随后的程序就比较缓慢了，主编和执行编辑分别进行初步校稿，对语法细节进行了进一步修改，随后交出版社排版之后再由作者审校。到2016年5月，投稿之后一年半，这篇文章终于上线。①在艰难的留学生

① Zhou，Ligang：Obscuring the Line between the Living and the Dead：Mortuary Activities inside the Grave Chambers of the Eastern Han Dynasty，China. *Asian Perspectives*，2015，54（2）：238-252.

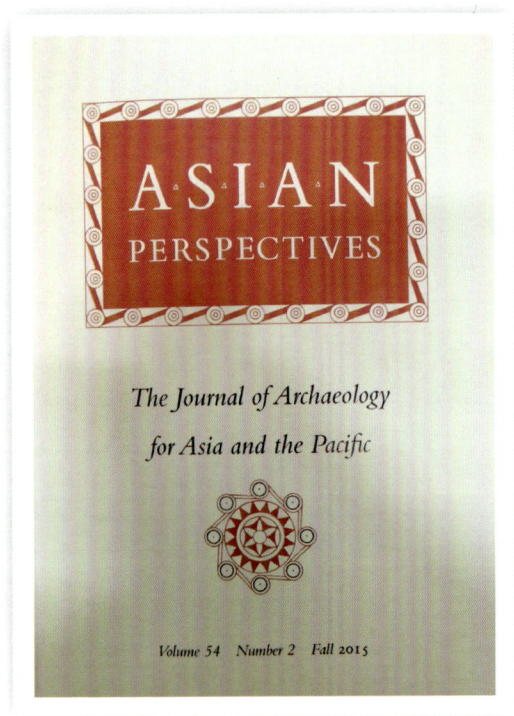

第一次投稿的英文期刊

活中，第一次看到自己用英文写的学术论文得以发表。虽然只能算是一点小小的成功，对我却无疑是一个巨大的鼓舞。

（三）英文写作感受

对于在校研究生和在职科研人员来说，写文章和投稿是生活的重要内容之一。用第二语言写作专业文章可能对于理工科学生来说并不是难事，身边有很多同学在国内读硕士期间就已经发表了英文论文。然而对于文科生来说，却是一个巨大的挑战。

大家可能都知道，中国的硕士或者博士毕业都是有论文发表要求的，达不到数量是不能毕业的。刚到加拿大的时候，身边的同学，当然都是理工科，都在说谁的导师要求多少论文才能毕业，这

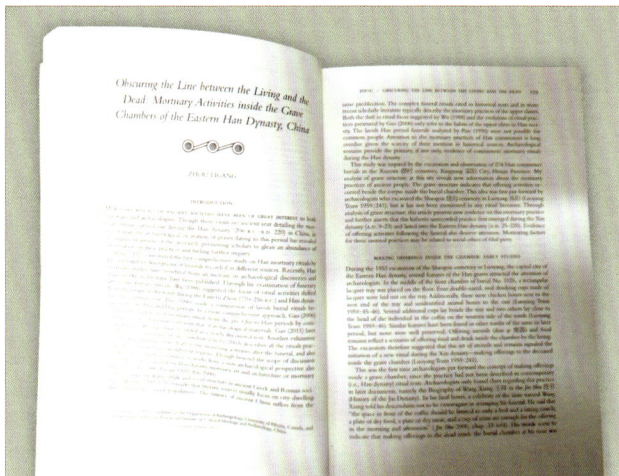

刊发的第一篇文章

让我很是有点心慌——赶紧跑去问导师，我们毕业要求发多少文章。意外的是，导师说我们并没有发表论义的要求，学校也没有这样的规定，理工科那些要求都是各自老师自己定的。然后她很耐心地给我解释了原因，国外大学一般认为学生阶段主要的任务还是学习和科研锻炼，尚不具备独立科研能力。标志你开始具有独立科研能力的就是博士学位论文，这才是毕业的关键标准。后来在跟很多美国、英国学生交流中也逐渐认识到这点，他们的文科生真的没有发论文要求，好幸福的样子！

国外文科不要求学生发论文(当然可能也有例外)，除了前面导师说的情况之外，还有一个现实就是学生阶段很难获得科研材料，发文也有难处。具体到考古专业来说，情况就更为复杂。

我们习惯上把现在的考古分为传统考古和科技考古两个大的方向。传统考古是以器物类型学和地层学为基础研究方法。而科技考古则是借助现代科技手段对传统考古关注较少的材料如骨骼、牙齿、种子、土壤、矿物等进行研究。在国内传统考古仍然是主流，这从考古期刊文章的内容可以很明显看出来，很多高校也还没有开设体系完整的科技考古课程。至于国外传统考古和科技考古谁占主流，这不好评价，但是两者在学术成果的发表方式上肯定是存在差别的。至少目前主流的英文考古期刊都是偏好于科技考古方面的文章，而传统的研究成果多见于专著形式。这也是为什么最初咨询Lovell教授时她说现在这类关于丧葬习俗研究的文章很难找到合适期刊的原因，可以选择的空间实太小。相比之下，我现在的研究方向(稳定同位素分析)，随手都可以找出十家以上可选择投稿的期刊。

虽然这篇文章最终得以发表，但是以后可能也不会再有机会用英文写这个方向的文章了。一方面是因为发表渠道很窄，另一方面是在相似的领域与国外学者差距太大。这篇文章收到的两个审稿人意见显然都是来自国外研究中国考古的专家，他们对中国考古和历史材料的熟悉令我惊讶。读他们的审稿意见犹如当面对话，受益匪浅。从人类学角度解读传统考古材料是国外考古学家所熟悉擅长的方法，而这正是我缺乏的能力。尤其是在涉及思想意识(如死亡观念、社会道德等)方面，语言更是个很难逾越的障碍。这样一个结尾无疑是有点遗憾的——但是客观地认识自己的差距，知己所能，知己所不能，也是将来做好研究的一个基础吧。

(四)后话

这一篇文章的写作和投稿经历虽然坎坷，但确实受益匪浅。首先这一个过程对于英文写作能力的锻炼显然比上几年的写作培训课还要有效果，再就是熟悉了国外期刊的投稿流程以及不同期刊的兴趣点和覆盖面，这也是增长知识的机会。

后面的几年中又接着写了几篇英文的论文，也都先后得以发表。当然并不是说我的写作能力就已经得到了飞速的提高，这点还是要感谢导师细心的指导和修改。用第二语言写作专业论文，对于我们这种语言基础一般的文科生来说，的确是很大的挑战。而且不同审稿人的性格特点和语言风格也不一样，即使是 native speaker 写出的文章有的时候也遭到吐槽说语言不行。这种情况也是有的，工程系同学说他师兄的一个遭遇很是悲剧——经过导师(虽然是华人，已经是北美很有影响的教授)修改之后的文章，审稿人第一句话就说这语言显然是 middle school 的水平。这让他导师气得差点吐血，然后就把邮件转发给他们团队供大家吐槽。

英文写作虽然有难度，但语言并不是不可逾越的障碍。现在很多专业的出版公司比如 Elsevier 等都有专业的语言润色服务，专门对母语不是英语(也有其他语言服务)的作者提供帮助，当然收费也是不菲的。不过对于国内大多数学者来说，几千块钱修改一篇文章，而且有正规发票，应该不是很难的事。所以，有机会的话，还是应该积极地将自己的成果发表到更广阔的平台上。与不同文化背景和研究传统的学者交流，才能碰撞出更多的灵感。

英文考古期刊一览

在投过几次英文文章之后，我就有了一个想法——整理出一个英文考古学术期刊的简介来。不仅仅是为其他中国学者投稿做参考，也是为大家浏览英文发表的中国考古文章、了解国外中国考古研究动态做参考。也是自己的亲身感受，刚开始有意识地去搜寻英文期刊中的中国考古文章时，看着不同网站列出的几百类期刊，根本无从下手。当然可能有人会说直接用谷歌学术搜索不是方便么？要知道现实的情况是，谷歌目前在中国已经没法用了，百度搜索的质量也是有目共睹的，就不多说了。

前一段时间教育部发布了第四轮本科教学评估计划，在人文学科的学术刊物中划出了一个 A 类期刊的阵营。此举很快引起了不同领域学者的吐槽，最后不得不放弃了这个 A 刊计划。考古学科中被划为 A 刊的中文期刊分别是《考古》《文物》《考古学报》，被列入 A 刊的 5 家英文考古期刊分别是 *Antiquity*、*Archaeometery*、*Journal of Archaeological Science* （*JAS*）、*Journal of Archaeological Research*（*JAR*）、*Journal of Anthropological Archaeology*（*JAA*）。考古学科的学者应该不会对这个名单产生太多的异议：三家中文 A 刊是大家熟知的三大杂志，也是当仁不让的权威期刊。对于这 5 家英文期刊，由于中国学者的发文数量不多且分布极不均衡：网上流传的一份 2012—2015 年国内大学在国内外 A 刊上的发文数量表显示，榜首北京大学在英文考古 A 刊上的发文数量为 21 篇，而排名第二的北京科技大学有 6 篇，绝大多数高校则只有 1 篇。[①]因此这个名单绝大多数学者和学生对它们可能并不关注。但是，了解一点英文考古期刊对于增加国际视野、扩展知识面等还是很有必要的，尤其是在

① http：//mp. weixin. qq. com/ s？ __biz＝MzAwMDExNDgxNQ＝ ＝&mid＝2649781872& idx＝1&sn ＝5e5f480b94dc667ed731c9f86a33 6956&scene＝1&srcid＝0503nEC s0k9EqnmMD7aHAexu&from＝sing lemessage&isappinstalled＝0 # we chat_redirect.

国际合作研究逐渐发展的今天。

(一) 概况

根据一个著名的学术期刊分析网站 SCImago Journal & Country Rank 的统计，全世界公开发行的考古学术期刊一共有 230 多种。[①] 这个网站还根据自己的指标(SJR indicator)对期刊进行了排名。排名分三种情况：①人文科学领域下的考古学排名；②社会科学领域下的考古学排名；③综合的(不分具体领域)考古学排名。对于绝大多数上榜期刊来说，三种排名方式下的位置差别不大。这份期刊名单不仅几乎包含了世界上所有的综合考古期刊、区域考古期刊，也包括许多与考古有关联的特殊领域期刊(如岩画研究、石器技术、遗产研究等)，以及与考古关联并不密切的其他期刊。

Google scholar 也有一个自己的考古学术期刊排名，是根据 H-index(这个指数争议很大，SJR 期刊目录中也提供了此数据作为参考)。[②]这里只列出了前 20 名的期刊，大多属于综合性考古期刊。相对于 SJR 指标和 H-index，可能中国学者更熟悉影响因子(Impact Factor，简称 IF)。影响因子的计算公式是 Thomson Reuters 公司确立的，已经为大家广泛认可，但是近年来也被批判得不行(当然主要还是理工科学者做的批判，文科期刊的影响因子本来都不高)。而 SJR 期刊数据信息中有一列"Cites / Doc. (2years)"，即两年间单篇文章被引次数，就是按照 IF 的计算公式得到的，实际上相当于 IF。个别数据与相关期刊提供的 IF 数据会有细小差别，不影响判断。

我把 SJR 的考古期刊三种排名方式下各自前 40 名刊物和 Google scholar 的前 20 名考古期刊列到一张表上供参考(见表 1)。在这张表上可以看到，Google scholar 的 top 20 考古期刊在三种 SJR 排名中都在前 40 内。需要注意的是，这个 top 20 名单上仍然包含有几家区域性期刊和特殊领域期刊。同时可以看到，教育部所列 5

① http：//www. scimagojr. com/ journalrank. php. 在"subject category"中选择"archaeology"并搜索，即可显示所有收录的英文考古期刊。

② https：//scholar. google. ca/ citations? view _ op = top _ venues& hl = en&vq = soc_archaeology.

家英文考古 A 刊中，4 个位于 Google scholar 表单的 top 20 中(除 JAR)、5 个均位于 SJR 表单前两种分类的 top 20、2 个位于 SJR 表单第三种分类的 top20(JAA 和 JAR)。从大家比较熟悉的影响因子(IF)来看，教育部 A 刊 IF 在 1.45~2.69 之间(见表2)，这个数据相对于自然学科是比较低的，但是在人文学科已经是很高的了。由此可见在不同分类比较体系下，这些期刊确实都属于比较权威的。

表1 SJR 前 40、Google scholar 前 20 英文考古期刊列表

排名	Google scholar Archaeology[1]	SJR Archaeology[2]	SJR Archaeology (social science)[3]	SJR Archaeology (art and humanities)[4]
1	Journal of Archaeological Science	Quaternary Science Reviews	Quaternary Science Reviews	Quaternary Science Reviews
2	Journal of Cultural Heritage	Current Anthropology	Current Anthropology	Current Anthropology
3	Journal of Anthropological Archaeology	Journal of Agrarian Change	Journal of Agrarian Change	Journal of Agrarian Change
4	Antiquity	American Museum Novitates	American Museum Novitates	Journal of Anthropological Archaeology
5	Vegetation History and Archaeobotany	Journal of Anthropological Archaeology	Journal of Anthropological Archaeology	Journal of Archaeological Research
6	Radiocarbon	Journal of Archaeological Research	Journal of Archaeological Research	Radiocarbon
7	International Journal of Osteoarchaeology	Journal of Archaeological Science	Journal of Archaeological Science	Holocene
8	American Antiquity	American Antiquity	American Antiquity	Boreas
9	Journal of Archaeological Method and Theory	Journal of World Prehistory	Journal of World Prehistory	Geoarchaeology-An International Journal

排名	Google scholar Archaeology[①]	SJR Archaeology[②]	SJR Archaeology (social science)[③]	SJR Archaeology (art and humanities)[④]
10	International Journal of Heritage Studies	Archaeological Prospection	Archaeological Prospection	Vegetation History and Archaeobotany
11	World Archaeology	Antiquity	Antiquity	Tel Aviv
12	Archaeometry	Geoarchaeology- An International Journal	Geoarchaeology-An International Journal	African Archaeological Review
13	Cambridge Archaeological Journal	Ethnos	Ethnos	Journal of the North Atlantic
14	Archaeological Prospection	Tel Aviv	Tel Aviv	Archaeological and Anthropological Sciences
15	Archaeological and Anthropological Sciences	African Archaeological Review	African Archaeological Review	Journal of Field Archaeology
16	Geoarchaeology	Archaeometry	Archaeometry	Journal of Archaeological Method and Theory
17	Australian Archaeology	Journal of the North Atlantic	Journal of the North Atlantic	Cambridge Archaeological Journal
18	African Archaeological Review	Archaeological and Anthropological Sciences	Archaeological and Anthropological Sciences	International Journal of Osteoarchaeology
19	Journal of Field Archaeology	American Historical Review	American Historical Review	Azania
20	The Journal of Island and Coastal Archaeology	Journal of Field Archaeology	Journal of Field Archaeology	Quartar
21		Journal of Archaeological Method and Theory	Journal of Archaeological Method and Theory	Southern African Humanities
22		Cambridge Archaeological Journal	Cambridge Archaeological Journal	Journal of Island and Coastal Archaeology

排名	Google scholar Archaeology[①]	SJR Archaeology[②]	SJR Archaeology (social science)[③]	SJR Archaeology (art and humanities)[④]
23		Journal of Historical Geographpy	Journal of Historical Geographpy	Journal of African Archaeology
24		International Journal of Osteoarchaeology	International Journal of Osteoarchaeology	American Journal of Archaeology
25		Azania	Azania	Archaeology in Oceania
26		Quartar	Quartar	World Archaeology
27		Southern African Humanities	Southern African Humanities	Rock Art Research
28		Journal of Island and Coastal Archaeology	Journal of Island and Coastal Archaeology	Latin American Antiquity
29		Journal of African Archaeology	Journal of African Archaeology	Environmental Archaeology
30		American Journal of Archaeology	American Journal of Archaeology	Levant
31		Southeastern Archaeology	Southeastern Archaeology	PalArch's Journal of Archaeology of Egypt / Egyptology
32		Archaeology in Oceania	Archaeology in Oceania	Australian Archaeology
33		World Archaeology	World Archaeology	Bulletin of the American Schools of Oriental Research
34		Rock Art Research	Rock Art Research	European Journal of Archaeology
35		Latin American Antiquity	Latin American Antiquity	International Journal of Historical Archaeology

排名	Google scholar Archaeology[①]	SJR Archaeology[②]	SJR Archaeology (social science)[③]	SJR Archaeology (art and humanities)[④]
36		*Journal of Material Culture*	*Journal of Material Culture*	*Oxford Journal of Archaeology*
37		*Environmental Archaeology*	*Environmental Archaeology*	*Hesperia*
38		*Journal of Social Archaeology*	*Journal of Social Archaeology*	*International Journal of Paleopathology*
39		*Levant*	*Levant*	*Race and Class*
40		*PalArch's Journal of Archaeology of Egypt/Egyptology*	*PalArch's Journal of Archaeology of Egypt/Egyptology*	*Near Eastern Archaeology*

①https：//scholar. google. ca/citations? view_op = top_venues&hl = en&vq = soc_archaeology.

②http://www. scimagojr. com/journalrank. php? area = 0&category = 3302&country = all&year = 2014&order = sjr&min = 0&min_type = cd.

③http：//www. scimagojr. com/journalrank. php? area = 3300&category = 3302&country = all&year = 2014&order = sjr&min = 0&min_type = cd.

④http：//www. scimagojr. com/journalrank. php? area = 1200&category = 1204&country = all&year = 2014&order = sjr&min = 0&min_type = cd.

同时在表 1 中我们也可以看到，不同分类系统下期刊的名单是存在明显差别的。比如 Google scholar 榜单的 top 1（*JAS*）和 top 4（*Antiquity*）在 SJR 的第三种排名中都在 40 名以后。考古学科发展到今天，多学科交叉研究已经成为趋势，在这种情况下将考古划分到社会学科或者人文学科的做法已经过于简单。因此对于期刊的评价也不能简单地依赖于上述数据，而是要根据自己的具体研究方向。

根据个人对这些刊物的了解，我在上述榜单上选取了 10 家比

较典型的综合性期刊(见表2)，按照综合性考古期刊和专业考古期刊分别予以简单介绍。同时为了能够反映中国学者在这些期刊上的贡献，我对这10家期刊2010—2015年这6年间发表的文章进行了简单统计，列出了中国考古研究的文章数量(中国考古)和其中第一作者为中国大陆学者的中国考古文章数量(中国一作)。由于统计工作是自己一个人完成，个别数据可能会略有出入，但是数据反映的整体情况应当是可靠的。

表2　10种主要英文考古期刊简介

刊　　名	影响因子[①]	出版频率	2010—2015 中国考古	2010—2015 中国一作
Antiquity	1.45	2015年之前季刊 2015年起双月刊	19	10
Archaeometry	1.27	双月刊	31	29
Journal or Archaeological Science	2.19	月刊	80	66
Journal or Archaeological Research	2.69	季刊	2	1
Journal of Anthropological Archaeology	1.95	季刊	5	1
Archaeological and Anthropological Sciences	1.55	季刊	2	1
Cambridge Archaeological Journal	1.09	每年3期	3	0
Journal of Archaeological Method and Theory	1.45	季刊	0	0
World Archaeology	0.93	2013年之前季刊 2013年起每年5期	4	0
Current Anthropology	2.67	每年8期	3	2

①因有的期刊主页不提供自己的IF，此处数据来自SJR网站上的"Cites / Doc.（2years）"。此数据计算法与IF相近。

(二) 10 家英文综合考古期刊

1. *Antiquity*

剑桥大学出版社出版，2015 年之前为季刊，自 2015 年起改为双月刊。官网上对刊物的描述是"review of world archaeology"，即世界考古综述。期刊中文章的形式有 research article、method、debate、review、book review 等，既包含一般的考古研究文章，也包含考古科技、讨论、短评、书评等内容，因此是一家比较典型的综合性考古期刊。每期各种形式的文章在 30 篇左右。

2010—2015 年 6 年时间共计发表 19 篇中国考古研究文章，其中 10 篇为中国学者一作。这些文章的话题广泛、时间跨度大，整体来说都是我们比较熟悉的考古话题，如石器工业、农业起源、史前文明、聚落考古等。同时也有中国考古学史和考古学理论的研究，及海外中国考古遗存研究，这些在中文刊物上不多见，值得学习。一作中国学者中，北大学者占绝对优势。其他外国第一作者均为国外研究中国考古的知名专家，当然也包括华裔和华人专家。

2. *Archaeometry*

牛津大学出版社出版，双月刊，2014 年和 2015 年各出一期特刊。官网介绍该期刊的主旨是是运用物理和生物科学来研究考古和艺术史，所涵盖的内容包括断代技术、数学方法、遥感、保护技术、人与环境等。[①]简言之，这是一家综合性的科技考古期刊。

该刊 2010—2015 这 6 年期间发表了 31 篇与中国考古有关的文章，其中 29 篇为中国学者一作。其中陶瓷器分析研究占绝对优势 (13 篇)，其次是金属材料分析、矿物分析、食物材料分析各 2 篇。其他的领域有玉器、石器、玻璃、纺织品、淀粉、DNA、同位素、建筑材料、环境和人、文物保护技术等，各 1 篇。这个数据说明中

① http://www.arch.ox.ac.uk/archaeometry.html.

国学者发表在该刊物上的文章以技术分析，尤其是陶瓷器分析为主。这些研究都是以一手材料为基础，因此一作中国学者的分布就比较分散：既有不同的大学，也有各地方考古研究所和博物馆等机构。

3. *Journal of Archaeological Science*（*JAS*）

JAS 是由著名学术出版机构 Elsevier 出版的月刊，主要针对的目标人群是致力于推动科学技术和方法在考古学研究各领域应用和发展的考古学家、科学家。其所刊发的文章主要是 research article，综述和书评比较少见。与其他考古刊物相比，该刊最大的特点就是刊物容量大，且各期发文章的数量弹性较大。在统计的 2010—2015 年间，平均每期 30 篇文章左右，但是单期文章数从 11 篇到 74 篇不等。随着 2015 年 3 月其姊妹刊物 *Journal of Archaeological Science*：*Reports* 的发行，*JAS* 每期文章数量下降明显，后 9 个月（2015 年 4—12 月）平均为 20 篇。

由于科技考古各个领域的蓬勃发展，该刊物自 1974 年创刊以来收到的文章数量和发表的文章数量都急剧上升。为了适应新的形势，Elsevier 在 2015 年新创了 *Journal of Archaeological Science*：*Reports*，被称为是 *JAS* 的姊妹刊物。自此，*JAS* 原刊就定位于刊发各个领域的技术创新，以及在世界范围内有重要影响的学术成果（建议最大字数为 5000 字）；而 *JAS*：*Reports* 则定位于刊发科学技术和方法在考古学中运用的案例，相当于各地区的个案研究。*JAS*：*Reports* 在 2015 年刊发 4 期，2016 年转为双月刊。除了第一期（2015 年 3 月）创刊号文章较少之外，从第二期开始最少文章数为 57，最多一期则达到 80 多篇。相当于 *JAS* 把一般的科技考古案例分到一个专门的渠道来刊发，这样使技术创新和影响力较高的个案研究集中于原刊，显然有助于继续提高原刊的影响力。而 *JAS*：*Reports* 的大容量则为更多的个案研究提供了刊发机会。这种思路其实很值得中国的考古期刊借鉴学习。

在统计的 6 年间，*JAS* 刊发中国考古研究文章 80 篇，其中 66 篇为中国学者一作。这些文章的研究内容比 *Archaeometry* 更为广泛，分布也呈现不同状况。其中冶金考古 9 篇、植物考古 9 篇、材料分析(染料、粘合料等)9 篇、陶瓷器分析 8 篇、动物考古 6 篇、环境考古 5 篇、稳定同位素分析 5 篇、古环境 5 篇、玻璃器分析 4 篇、石器残留物分析 3 篇，这些是比较常见的研究领域。其余如 GIS、遥感、石器技术、纺织品、岩画年代、物理勘探、画像雕刻、食物遗存、石窟断代、文物保护等领域各有 1～2 篇。这些成果的贡献者分布于大学和各研究所等，其中中科院学者和学生占很大比例，且覆盖的研究领域比较宽。整体来看，中国考古研究文章在该期刊 2010—2015 统计窗口内所占比例较高(约 3.6%)，同时出现频率也比较高(最高为 2013 年第 5 期，中国学者一作的文章占 4/33)。这些数据表明中国的科技考古研究覆盖面十分广，成果已经得到了国际学术界的认可，并且产生了重要影响。

JAS 在从事科技考古的学生和学者眼中无疑是掌握最新研究动态的主要渠道。科技考古同行往往以在该刊发文为荣耀还有一个原因，很多渠道将该刊列为 SCI 期刊(也是考古期刊唯一一个 SCI)。事实上该刊物属于 SCI 扩展目录，而其自己的官网上并未提及此事。[①]我的个人意见是，绝对不能将 *JAS* 神话。我也曾与一些熟悉该刊的同学交流过，并非所有 *JAS* 的文章都是高质量的研究之作，很多文章得以发表仅仅因为是新材料。其影响因子某种程度上都是靠高频率发文和高频率的相互引用刷出来的——科技考古文章一般都要求有理论方法介绍，同一领域的文章在这个部分几乎都是引相同的文章。同时，其刊发的文章技术性很强，不熟悉相关领域的学者很难看懂。因此对于从事传统考古研究、不走技术路线的学者学生来说，略作关注即可。

4. *Journal of Archaeological Research*（*JAR*）

JAR 是 Springer 出版的季刊，主要刊发不同地区、不同领域考

① https://www.elsevier.com/journals/journal-of-archaeological-science/0305-4403/abstracting-indexing.

古综述研究。每期文章都在 2~3 篇，单篇文章都是 40 页左右。在所有考古期刊中该刊可能是容量最小的，但是其影响力(从影响因子看)则是所有考古刊物中最高的，甚至超过了每年发文 300 篇以上的 *JAS*。因此 *JAR* 是国际考古领域中当之无愧的权威。

在分析的 6 年中，该刊刊发中国考古文章 2 篇，其中 1 篇为中国学者一作。

5. *Journal of Anthropological Archaeology*（*JAA*）

JAA 是 Elsevier 出版的季刊，刊物的主要关注领域是有关人类社会的组织、运作和进化的研究理论与方法，没有时间和地域限制。[1]应该说，该刊关注的领域与中国传统考古研究方向比较近似，不过前者比较倾向于运用人类学研究方法和思路来解决问题。*JAA* 每期文章一般 10 篇左右，属于比较精致的类型，也有三四期在 18~28 篇。

2010—2015 年发表中国考古研究文章 5 篇，主要是研究古代社会的形态、结构等，其中 1 篇为中国学者一作。这个数据能够说明，同样对于中国考古问题，中外学者的研究思路和方法是存在差别的。这些中国考古研究文章中，其中有一篇关于姜寨社会经济组织研究的文章的作者则全部是外国学者[2]，这对于我们了解外国学者的研究角度和方法很有参考价值。

6. *Archaeological and Anthropological Sciences*（*AAS*）

这是由德国、希腊、意大利等国的科技考古协会和组织主办、Springer 出版的科技考古季刊，2009 年开始发行，属于比较年轻的科技考古刊物。该刊物主要关注的内容是自然科学技术在考古中的运用，包括考古、地质和物理勘探、地质考古、年代学、古人类学、动物考古、植物考古、基因分析、分子生物考古、材料分析、文物保护等具体方向。[3]

在影响力较大的科技考古期刊(如 *Archaeometry*、*JAS* 等)中，

[1] http://www.journals.elsevier.com/journal-of-anthropological-archaeology.

[2] Peterson, C. E., & Shelach, G.: Jiangzhai: Social and Economic Organization of a Middle Neolithic Chinese Village. *Journal of Anthropological Archaeology*, 2012, 31 (3): 265-301.

[3] http://www.springer.com/earth + sciences + and + geography/journal/12520.

AAS 属于比较精致的刊物，每期文章一般在 5~9 篇。尽管其历史很短、文章数量少，但是颇有影响力。统计的 6 年期间该刊发表的中国考古研究文章 2 篇，其中 1 篇为中国学者一作。该刊物经常会以个别研究方向或者研究区域来组织专题文章。多数亚洲方向的考古专题必然会有中国考古的角色，因此对中国学者也很有参考价值。

7. *Cambridge Archaeological Journal*（*CAJ*）

该刊物由 McDonald Institute for Archaeological Research 主办，剑桥大学出版社出版。原来每年出 3 期，2015 年改为季刊。每期 20 篇文章左右，有 research article、review、book review、short notes 等多种形式，也是比较典型的综合性考古期刊。期刊主页说该刊物是国际一流的象征、社会和认知考古学期刊①，虽然时间和区域没有限制，但是主题方向还是有一定限制的。

① http://journals. cambridge. org. login. ezproxy. library. ualberta. ca/action/displayJournal? jid＝CAJ.

这个刊物的主题显然有着明显的欧洲社会学和考古学理论烙印，统计的 6 年期间发表中国考古研究文章 3 篇，没有中国学者一作。这说明中国学者对相关领域还不是很熟悉。

CAJ 名字具有明显的地域特征，但事实上是一个国际性的综合性期刊。另外还有一个 *Oxford Journal of Archaeology*，则主要是欧洲和地中海地区考古期刊，不研究这些地区的学者大可不必关注。

8. *Journal of Archaeological Method and Theory*

该刊物是 Springer 出版的季刊。从名称看，该刊物明显关注考古学中的理论和方法问题。其主页上的介绍页证实了这一点，同时该刊物也关注学科发展前沿、理论方法问题探讨和考古学史的研究。②这也是一家比较精致的期刊，一般每期 2~7 篇文章。2015 年文章数量开始增加明显，每期 9 篇或以上。

② http://link. springer. com/journal/10816.

2010—2015 年间该刊没有刊发有关中国考古的文章，但是在 2003 年和 2016 年各有 1 篇，均非中国学者一作。该刊的编辑主要是美国学者，少量的加拿大、英国、澳大利亚、新西兰等国学者，因此其关注理论方法明显是具有美国特征的，这可能也是中国学者比较陌生的领域。

9. *World Archaeology*

该刊是 Routledge 出版的季刊，2013 年起增为每年 5 期。正如其刊名，该刊发表世界范围内所有考古有关的研究文章。与其他综合性考古期刊的不同之处是，*World Archaeology* 每期文章都有一个中心主题，而以"debate in world archaeology"为主题的文章则包括不同领域研究。因此提前了解该刊物近期的主题设置无论是对于投稿还是关注相关领域都是有必要的。

统计的 6 年间该刊物发表中国考古主题文章 2 篇、涉及中国考古的文章(以东亚为主题)2 篇，无中国学者一作。

10. *Current Anthropology*

芝加哥大学出版社，双月刊，每年两期增刊。该刊属于人类学研究综合期刊，包括人类学的四大领域：文化人类学、语言人类学、体质人类学、考古。虽然关注范围十分广泛，但是该刊物在人类学界影响力极高。统计的 6 年期间发表中国考古文章 3 篇，其中 2 篇中国学者一作。

(三)特殊方向考古期刊

上面列举的 10 个刊物属于影响力较大的综合性考古期刊。在表 1 的四种刊物排名中，还有一些影响力较大，但是专业性较强的考古刊物。

1. *Quaternary Science Reviews*

该刊物在 SJR 三种考古期刊名中均居榜首，然而并不是普通的考古期刊。其所覆盖的内容是第四纪科学中的所有学科，包括地质、地理、气候、考古等。[1]大概是因为官网上明确把考古作为其关注领域之一，所以它在任何考古期刊目录中都有收录。其发表的大量的古代环境、气候、生态、土壤等相关研究内容在广义上也属于考古学范畴，但是在绝大多数学校中相关研究是由在各自然学科开展的，与考古学科关系不大。由于大部分内容属于自然学科的领域，其引用指数和影响因子远高于其他考古期刊。其中偶尔也可见大家所熟悉的考古内容，如 2013 年发表的中国小麦起源研究[2]。

2. *International Journal of Osteoarchaeology*

从期刊名字上可以看到该刊物的主要关注领域是骨骼考古学，即所有和考古出土人骨、动物骨骼相关的研究。大家比较熟悉的，如古病理研究、稳定同位素分析、性别年龄鉴定方法等，经常出现在这个刊物上。该刊物中近两年中国学者的文章出现频次明显增加，主要是稳定同位素分析相关的研究内容。

3. *American Journal of Physical Anthropology*

这是美国体质人类学者协会（AAPA）主办的刊物。关于该组织在前面关于第一次国际会议经历时有过介绍，此处的体质人类学并不同于我们所了解的体质人类学，其涵盖范围非常广：时间上涵盖远古和现代，研究对象包括人、其他灵长类动物以及和人类关系密切的动物。因此该刊物的覆盖面也是非常广的，并且影响力很高（IF 为 2.379[3]）。虽然不属于一般意义上的考古期刊，但是其中经常有古病理研究、稳定同位素分析、性别年龄鉴定等方面的文章，都是质量较高、参考价值很大的文章。需要注意的是，中国学者所熟知的骨骼形态分析在国际上关注度已经下降，因此该刊物中很少见到相关文章。

4. *International Journal of Historical Archaeology*

尽管官网上说该刊主要关注 1492 年以后的，以及中世纪晚期

[1] http://www.sciencedirect.com/science/article/pii/S02773 79113001613.

[2] Dodson, J. R., Li, X., Zhou, X., Zhao, K., Sun, N., & Atahan, P.: Origin and Spread of Wheat in China. *Quaternary Science Reviews*, 2013（72）: 108-111.

[3] http://onlinelibrary.wiley.com/journal/10.1002/（ISSN）1096-8644.

① http://link.springer.com/journal/10761.

② Sun, Y.: Colonizing China's Northern Frontier: Yan and Her Neighbors during the Early Western Zhou Period. *International Journal of Historical Archaeology*, 2006, 10(2): 159-177.

③ Allard, F.: Stirrings at the Periphery: History, Archaeology, and the Study of Dian. *International Journal of Historical Archaeology*, 1998, 2(4): 321-341.

的考古研究①，看起来与我们理解的历史时期考古有区别，但其刊发的文章并非严格的遵循这个时间限制。该刊物上发表过关于西周早期燕国的研究②，也有古滇国的研究③等中国考古文章，都属于传统考古的研究领域。

5. *Vegetation History and Archaeobotany*

这是国际古代植物学会的官方期刊，涵盖的主要内容有第四纪植物生态、环境气候和古代农业研究。对于植物考古方向应该很有参考价值。

6. *Journal of Field Archaeology*

关注世界范围内的考古材料解读，刊发各种考古发掘、调查、实验分析的相关文章。同时近年来也开始刊发考古遗产、考古伦理、考古技术、考古学史、书评等类型的文章。

7. *Archaeological Prospection*

主要刊发跟考古勘探相关的各种文章，包括新勘探方法技术、个案研究、国际合作等。如果关注各种物探技术和航空遥感技术在考古领域中的运用，这是一个很有参考价值的期刊。

8. *Experimental Archaeology*

这是实验考古协会(Experimental Archaeology)的刊物，该协会是国际博物馆协会的一个附属组织。所刊发的文章主要与实验考古、露天考古博物馆建设等有关。这里的实验考古主要是通过实验方式研究各种古代技术手段(如石器制作、金属器制作、陶瓷器烧制等)，与国内这几年提出的实验室考古不是一个概念。其所称的露天考古博物馆与我们所知的考古遗址公园有相似之处，因此相关文章和案例研究对我们的考古遗址公园规划、实施、管理等都有重要参考价值。

9. *Public Archaeology*

该刊物的覆盖内容要远远超过我们一般理解的公共考古。所有与考古和遗产相关的政治、道德、政府管理、社会、教育、哲学等问题都是其关注领域，因此期刊文章主要是与原住民考古、考古伦理、文化遗产旅游、公众参与(这是我们一般理解的公共考古)等内容相关。

当然，也有其他一些考古期刊，比如 *Journal of World Prehistory* 等，在 SJR 的其中两种排名中位居 top 10，影响因子也很高，但是在 Google scholar 的 top 20 表单中并未被列入，这可能是与其关注的领域主要是史前考古有关。除了上述专业期刊之外，还有一些专门关注文化遗产问题、文物保护技术的刊物，如 *Journal of Cultural Heritage*、*Journal of Cultural Heritage Management and Sustainable Development* 等。当前，越来越多的考古学者也开始介入到文化遗产的保护和开发领域中，因此这些刊物对于考古学者也是值得关注的学术资料来源。

(四) 亚洲区域考古期刊

1. *Journal of East Asian Archaeology*

东亚考古学会(Society for East Asian Archaeology)主办的唯一一家关于东亚地区(包括西伯利亚和中亚附近地区)的英文考古期刊，其中关于中国考古的文章占很大比重。这是集中了解国外中国考古的最重要渠道之一。可惜的是在东亚考古学会官网上只有该刊物1999 年(创刊年)到 2003 年的内容，其位于波士顿大学东亚考古与文化史国际中心网站上的链接也已经失效，似乎已经停刊。2016年在波士顿大学开会的时候做过一些了解，据说还在接收文章，但是并未见公开发表。

2. *Asian Perspectives*

这是夏威夷大学出版社出版的一家历史较为悠久的亚洲太平洋地区考古期刊，其主编和编辑都是国际上相关领域的著名学者。刊物为半年刊，每期容量在 10 篇文章左右，包括研究文章和书评。该刊物属于比较传统的考古刊物，所刊登的文章中中国考古文章占一定比例，值得关注。

3. *Archaeological Research in Asia*

Elsevier 于 2015 年推出的亚洲考古期刊，属于综合性考古刊物。从创刊到现在所出 5 期的文章来看，以科技考古内容居多，但是也包含有个别区域或者领域的综述性文章。中国考古研究文章在各期均有出现。

另外美国东方学会的刊物 *Journal of the American Oriental Society*，虽然大部分文章是文学和历史等领域，但是偶尔也会有考古相关的文章。这些考古文章都是传统考古学者关注和熟悉的领域。

（五）综述

以上是我个人对国际上英文考古期刊的一个简单梳理，我尽量以数据的形式来陈述我所观察到的情况，避免加入太多个人评断——这也不是我的水平力所能及的。也有很多其他学者对此进行过梳理，有兴趣的学者可以搜索一下，进行参考对比。

通过对国际一流英文考古期刊的一个简单分析不难发现，中国考古研究的文章在这些期刊上都有出现，并且在 *Antiquity*、*Archae-ometry*、*JAS* 等刊物上的出现频次还相当高，说明中国考古在国际考古学界的重要地位。同时这些文章绝大部分都是中国学者为第一作者，反映了中国考古学者的国际化在逐渐加强。当然，在国际考古学理论和方法期刊上中国学者贡献较少，也反映了我们的学科传统与欧美考古存在很大差别。

我专门就考古期刊问题咨询了导师，她说国外的学术机构也会用诸如刊物的影响因子来评估学者的成绩，这是相对比较公平的。不过对于研究方向或者研究区域比较小众的学者来说（相关刊物的影响因子往往较低），这也并不公平。如果是在小范围，比如一个考古学系内部对学者进行考核，由于考核者一般都能意识到这种情况，大家对那些影响因子比较小，但是在相关领域内比较重要的期刊也是一视同仁的。如果是在申请国家级别的科研基金时，评审者往往只会关注影响因子而忽略实际情况，因此那些研究范围比较小众的学者都会比较吃亏。教育部列的这些外文 A 刊大概也有同样的影响：科技考古力量比较强的学校在期刊文章评比方面具有天然的优势——因为科技考古的期刊往往影响因子较大，且刊物容量大、发文相对要容易一些；而致力于传统考古研究的学者在高级别外国刊物上发文的机会相对要少很多。政府主导的这种学术期刊排名不光在中国引起学者的质疑，我在搜索国外关于考古期刊排名情况时，看到一个澳大利亚学者对此也有类似的意见。①

① https://mediterraneanworld.wordpress.com/2011/05/12/lists-and-ranking-of-archaeology-journals/.

现在大多数高校的考古学者都与国外研究机构或者学者有着各种形式的合作交流，中国的考古研究逐渐走向国际化这是必然的趋势。为了使我们能够了解考古研究的国际发展趋势，使自己在现在和将来的国际合作研究中处于有利和主动地位，我们不仅要了解位居各种榜单前列的国际综合考古期刊，也不能忽略了那些排名并不靠前但是在相关领域的研究（比如中国考古研究）中具有重要影响的地区性学术刊物。

我们有很多的研究成果、考古发现实际上都是具有国际影响力，在国际学术界受到广泛关注的。在国际学术期刊上发表文章，对于中国学者来说可能最大的障碍是语言问题。但是前面说到自己投稿经历时也提到，现在有很多专门的机构可以提供语言润色服务（如 Elsevier 的 language editing service 等），这些服务不仅专业而且高效，能够为顺利发表提供很大帮助。当然，它们提供的都是语言润色服务而不是翻译服务，因此前提是学者要敢于用英文将自己的成果介绍出来。

(六) 期刊和出版社的鉴别

写完这篇稿子之后，邮箱又收到好几封约稿邮件，然而并不是什么好现象，觉得需要再加上一点补充说明，关于外文期刊和出版社的事情。

英文刊物的信息公开程度很高，很多期刊同时被多个数据库收录。因为陆续在一些英文刊物上发了一些文章，个人信息也就进入了一些数据库，于是就开始不断收到各种约稿、会议邀请等。最初收到的时候还是有点兴奋的，但是仔细一想，就自己这资历似乎还达不到到处被人约稿，尤其是被外文期刊约稿或者邀约会议的水平。于是开始仔细对这些期刊或者出版社做了一些研究。

最初是新加坡一家出版社，名字好像是叫 July Express，说是旗下有一个叫做亚洲人类学研究的期刊，看到我的研究觉得很有水平，要约稿，并且邀请做编委。虽然期刊的名字看着很高大上，但是这个出版社名字连谷歌都搜不到，我就开始犯嘀咕。尤其是注意到一个细节：第一篇文章可以免费刊发。那就是说后面的文章都是要收费发表的，完全是套路！我还是很客气地回了邮件，说现在水平达不到你们的要求，谢邀之类的。后来又陆续收到一些类似的邮件，期刊的名字往往都很靠谱，但是基本上都没有进入主流数据库，所以也就一致谢邀。

答辩通过之后，居然有家出版社很快就联系，说我们可以免费帮你出版论文。这又是天上掉馅饼似的好事，不过对出版社了解不多，就跟导师咨询了一下。导师说，你网上查一下 predatory publisher 或者 predatory journal(掠夺型出版社或者期刊)，很多大学图书馆都有一个黑名单。这些期刊或者出版社打着各种免费出版或

2016 年毕业答辩通过后与答辩委员会合影

者约稿的旗号，一旦你的稿子交给了他们，你就做不了主了。他们没有专业的审稿人，很多时候就是原封不动地把你的稿子发了，然后你自己要引用或者干什么都要跟他们联系授权——当然还要交钱。关键是这些期刊或者出版社是不被业界认可的，也就是说你即使发了，同行也不认可，各大数据库也不会收录。这一查不要紧，真是吓出一身冷汗来，网上控诉这些出版社或者期刊的帖子比比皆是。大多是一些年轻的学者，或者刚毕业的博士，职业生涯之初要赶紧发成果，就掉入了陷阱。

除了约稿或者约书的之外，还有邀约会议的。经常是各种挂着国际头衔的会议——只要是在你的论文里有一丁点涉及他们的主题，就会给你发邀请函。比如说我有篇文章是关于东周汉代居民饮食结构转变的，就收到了国际食品与健康大会的邀请；还有在东亚考古会议时报名参加了一个小的关于英文期刊的讲座，于是收到了亚洲出版协会的邀请，会议还是在迪拜召开。因为几篇文章都有国内同事合著，留下了他们的邮箱，他们也都遭到多次邀请，不胜其烦。

所以对各种期刊或者出版社还是要有一定鉴别的，当然我对这些方面的了解还是很肤浅的。如果真有疑问，最好还是跟有经验的外国学者咨询一下为好。一般外文期刊是不会收版面费的，除非你要求图片必须彩印，这要额外收费。当然，也没有稿费之说，绝大部分期刊甚至连纸本刊物都不会送你，需要自己花钱买(外文期刊的价格也都不低)。如果你想自己的文章被免费公开(open access，也叫开放存取)，就是任何人都可以免费下载，你需要向出版社交一笔不菲的版权费。这在我们看来也是有点奇怪，但确实有很多项目经费充裕的团队走这个路线，这样的文章后面都有专门标注，可以免费下载。

总之，能在外文期刊上发文，或者出版外文著作，自然是一件极好的事。但是对于套路繁多的期刊或者出版社，还是需要擦亮眼睛。

后　记

按照一本正规的书来说，有前言也应该有后记才算完整。这个地方正好适合写一写不成体系但是个人觉得值得记下来的想法，也算是帮助读者了解我写这些内容的心路历程吧。

快到三十岁的时候出国留学，无疑给我的人生打开了一扇新的大门。然而由于资质愚钝，最初的学习应该说是非常盲目的，除了按部就班地完成各种课业任务之外，根本不知道从何下手。说出来有点羞愧，初时甚至连英文文章中的引用方式都看不懂，更不用说熟悉哪些英文考古刊物或者著作——出国之前唯一接触的一篇英文文章就是前言中提到的罗泰先生的论文，再就是看了几本英文小说。作为一名博士研究生如果连论文引用方式这样的问题都要去问老师，显然是有点不合适的。最后还是靠着自己的摸索才一步步走上正轨的。

在摸索的过程中，开始真正地接触到不同类型的外国考古研究，包括外国学者对中国考古的研究。因为在河南省文物考古研究所有了几年的工作经历，参加过不同时期的田野发掘、参加过多个项目的保护规划，所以关注的面就比较广泛。这时候，海量的信息一下子让我无所适从，开始觉得有必要整理一下各种想法和读后感。尤其是在跟外国老师和同学交流的过程中，很多的话题和思路都值得记下来，可能对以后的研究和工作有帮助。当然还有一点，多年来养成的写日记的习惯也驱动着我不断地记下留学生活的点点滴滴。这算是写作的初衷吧。

书稿的第一篇内容是在 2012 年秋季刚入学不久时写下的，是一堂课后的感想。之后在学习和阅读的过程中不断地补充，一直到

2016 年完成毕业论文写作、等待导师修改的时间完成最后一篇文稿，前后持续了近四年的时间。四年间，写作和整理这些内容，并跟几个中国同学一起喝酒交流讨论，算是业余生活的重要内容。不知不觉四年来居然积累了十余万字的内容。

越来越多的人走出国门，国外的世界已经不再神秘，因此那些留学生活的方方面面已经不再是新鲜话题。因此如前言中所说，我组织的这些内容并不是很随意的留学生活记录（琐碎的记录都记在真正日记里了），而是各有针对的，主要是与考古相关的问题。根据我个人的经历和了解，很多相关的问题也是国内同行、计划出国留学学习考古的学生等都感兴趣，但是往往很难找到参考的。个人认为，每一篇再加以完善都能够独立成为一篇专业的学术论文，当然涉及的就不完全是考古行业了。回国之后经朋友介绍，在《上海书评》和《大众考古》等报纸或者期刊上陆续发表了几篇内容，反响还不错。几个编辑老师都建议将完整内容结集出版。请院里几位德高望重的老专家对书稿进行了审阅，他们也都觉得有一定价值，并且提出了很多宝贵的修改意见。

我不认为这本书是个人成果，因为这四年的学习机会跟工作单位的支持是分不开的。我的经历和收获也反映了我们院这些年来一直鼓励支持青年学者继续求学的开放态度。同行们都很清楚，以考古行业的收入水平，个人是很难承受出版经费的，于是我向院里提出了资助申请。院长和学术委员会的专家们都给予了极大的鼓励和支持，同意此书作为"河南省文物考古研究院青年学者文库"专题系列之一，由院里资助出版，这也是院里对青年学者的极大鼓励。

而立之年负笈西洋，家人作出了巨大的牺牲，同事和朋友们给予了大力支持。几年来，儿子在妻子的精心照顾下逐渐长大，单位的领导和同事也有很多已经退休或者调走。按照惯例，这里应该有致谢。但是这些年，太多人，包括武汉大学考古学系的老师和同学、河南省文物局的领导、我们院的领导和同事、我和妻子双方的家人和朋友、阿尔伯塔大学的老师和同学等，都给予我和家人太多的关心和帮助，一一列举出来恐怕又得一整页。这样似乎有点充字数的嫌疑，所以，还是把大家的爱和支持都放在心里。

2018 年 1 月 25 日